하나님의 부르심

이 땅에서 하늘 시민답게 살아가는 법

하나님의 부르심

송태근 지음

성서원

여는 글

　빌립보 교회는 사도 바울이 2차 전도여행 중 "건너와서 우리를 도우라."는 환상을 보고 원래 가려고 했던 아시아 지역에서 마게도냐로 선회하여 만난 첫 도시인 빌립보에 설립된 교회입니다.
　빌립보라는 명칭은 알렉산더 대왕의 아버지인 필립이 이 성을 정복한 후에 본인의 이름을 따라 붙인 것이었습니다. BC 168년에 로마가 페르시아와의 전쟁에서 승리한 뒤 빌립보는 로마 제국의 영토에 속하게 됩니다. 이후 BC 42년 빌립보에서 로마의 옥타비아누스와 안토니우스가 브루투스와 카시우스를 제압하여 승리한 것을 기념하여 안토니우스는 빌립보에 자신의 퇴역 군인들 일부를 정착시켜 로마의 대표 식민지로 삼게 됩니다. 로마는 이주 정책을 이어가며 빌립보를 "작은 로마"로 변모시켜, 그 도시의 사람들에게 로마 본토의 시민들과 똑같은 다양한 사회적 혜택과 특권을 부여했습니다. 빌립보는 단순한 하나의 식민지가 아니라 로마의 모든 특권과 풍요를 상징하는 도시였습니다.
　이러한 역사적 배경을 바탕으로 빌립보서를 입체적으로 그려 보면, 로마 감옥에 갇혀 있는 바울이 로마의 풍요로 가득한 도시 속에 세워진 작고 연약한 신앙의 공동체에 편지를 통해 목회적 권면을 주고 있는 것입니다. 로마의 시민권을 최고의 자부심으로 여기는 주류 속에서 하늘의 시민권을 주장한 바울의 외침이 의미 있는 것은 바로 이런 서신서의 배경에서 기인합니다. 그리고 이 시대의 교회와 세상의 관계가 당시 빌립보와 빌립보 교회의 관계와 매우 유사하다는 점 때문에 빌립보서 강해 설교는 오늘날 그리스도인들에게 중요합니다.

저는 빌립보서 강해설교를 하면서 감옥 안에서 바울이 가졌던 목회적 심정이 시험과 고통 속에 있는 빌립보 교회에게 어떻게 전달되었는지 다소간 알게 되었습니다. 기쁨과 감사, 위로와 격려가 바로 그것이었습니다. 그리고 이 점이 제가 빌립브서를 선택한 주된 이유이기도 합니다.

오랜 기간 동안 담임목사의 부재를 겪던 삼일교회 성도들에게 몇 달 동안 수요 예배를 통하여 이 은혜의 말씀을 나눈 것은 그들에게도 빌립보 교회가 필요로 했던 기쁨과 위로가 있어야겠다는 심정 때문이었습니다. 나아가, 이 땅을 살아가는 우리 모든 그리스도인이 하늘의 시민권을 가진 자의 확고한 정체성을 가지고 승리하는 삶이 되길 바라는 마음으로 이 메시지를 책으로 엮었습니다.

오랜 기간 동안 아픔을 겪은 후 새 담임목사를 반가이 맞이해 준 삼일교회의 성도님들께 감사의 말을 전합니다. 저의 강해설교에 대한 확신이 혹 그에 익숙하지 않은 성도님들과 청년들에게 어색함을 주었을지도 모르지만 묵묵히 청중의 자리를 지켜 주셨습니다. 그들의 목마른 영적 필요는 저의 빌립보서 설교를 더욱 풍성하게 해주었습니다. 빌립보서의 따뜻한 위로와 권면이 있었기를 소망합니다.

설교 녹취록을 깔끔한 책으로 펴내 주신 성서원의 노고에도 감사드립니다. 마지막으로 저의 영원한 응원자인 가족과, 저를 온 마음으로 환영하고 섬겨 주시는 삼일교회 동역자들도 이 작은 책의 공동저자임을 밝힙니다. 그 누구보다도 강권하여 사역의 방향을 선회하게 하신 하나님께 장래의 소망을 두며 모든 영광을 돌립니다.

2013년 1월, 삼일교회 목양실에서

송태근

차례

Part 1 당신을 하늘 시민으로 부르셨다

1... 하늘의 시민권을 가진 자 10
2... 은혜에 참여한 자 24
3... 선한 일을 위해 지음받은 자 34
4... 하나님의 주권을 인정하는 자 44
5... 예수의 마음을 품은 자 54
6... 하나님을 끝까지 바라는 자 62
7... 죽음 이후에 대한 소망이 있는 자 76
8... 그리스도의 대사로 사는 자 86
9... 성령의 코이노니아를 위하는 자 98
10... 십자가 능력이 삶에 나타나는 자 108
11... 그리스도의 부요함이 드러나는 자 122
12... 하나님의 때를 기다리는 자 132
13... 두렵고 떨리는 사랑의 마음을 가진 자 140

Part 2 하늘 시민, 이 땅을 살다

14... 믿음과 함께 인격이 성숙한다 156
15... 그럼에도 불구하고 기뻐한다 164
16... 내가 아니라 예수님을 자랑한다 172
17... 그리스도 안에서 발견된다 182
18... 예수님의 능력이 삶에 나타나게 한다 194
19... 복음을 위해 자유를 절제한다 202
20... 영적 우애를 지킨다 210
21... 관용을 모든 사람에게 알게 한다 220
22... 듣고 믿는 바를 행한다 228
23... 겸손하고 지혜롭게 사역을 돕는다 238
24... 그 무엇보다 은혜를 사모한다 248

Part 1

당신을 하늘시민으로 부르셨다

chapter 1

하늘의 시민권을 가진 자

> 그리스도 예수의 종 바울과 디모데는 그리스도 예수 안에서 빌립보에 사는 모든 성도와 또한 감독들과 집사들에게 편지하노니 하나님 우리 아버지와 주 예수 그리스도로부터 은혜와 평강이 너희에게 있을지어다.
> 빌립보서 1장 1-2절

외국인들이나 외국에서 오래 살다 온 사람들이 한국에서 살면서 느낀 점을 얘기하는 것을 들은 적이 있습니다. 한국 사람들은 오래 사귀어 보면 속마음이 따뜻하다는 것을 알 수 있지만 처음에는 말과 표현이 거칠어서 대하기가 힘들다는 것입니다. 그래서 그런 한국 사람들의 속성을 파악하는 데 상당한 시간을 보내게 된다고 합니다. 그러나 한국에서 10년 정도 살다 보면 세계 어디를 가도 한국인만큼 속정이 깊은 민족을 만나 볼 수가 없다고 합니다.

　우리 한국인들은 사랑이 없어서가 아니라 사랑을 잘 나타낼 수 있는 표현력이 부족한 것이 사실입니다. 사랑이라는 감정 자체에 대해 서툴고 심지어 부모자식 간에도 애정을 표현하는 데 어색해하는 경향을 가진 민족입니다. 사랑을 표현하는 것이 어릴 때부터 훈련되어 있지 않기 때문입니다. 이에 대해 어느 사학자가 한 연구 결과가 있습니다. 대체적으로 외세의 침입이나 전쟁을 겪은 민족들일수록 사랑을 표현하는 데 서툰 경향을 보인다는 것입니다.

　어떤 면에서 볼 때, 빌립보서도 그런 문제 때문에 기록된 편지라고 할 수 있습니다. 유대인들과 당시 그들을 지배했던 로마인들은 전쟁을 거의 일상생활의 일부분처럼 치르며 살았습니다. 그래서 그들의 표정이나 언행은 대체적으로 딱딱하고 거칠며 살기등등하기까지 했습니다. 그리고 극단적인 성향이 강했습니다. 특히, 유대인들의 민족정서는 냉소주의적인 경향이 강했습니다. 그래서 유대인들을 중심으로 한 예술 작품들을 보면 유대인들에 대한 냉소적인 표현이 많이 나오는데, 외국인들에 의해서가 아니라 유대인들이 자기 민족을 그렇게 바라본 경우가 대부분입니다.

"따뜻함을 잃어버린 진리는 진리가 아니다."라는 말이 있습니다. 이 말을 기독교적으로는 이렇게 표현할 수 있습니다. "그리스도인들의 표지로 삼을 수 있는 것은 따뜻함이어야 한다." 진리는 따뜻함을 친구로 삼아야 온전한 진리가 됩니다.

사울이 다메섹 도상에서 예수 믿는 자를 핍박하기 위해 쫓아가던 모습을 성경은 "살기가 등등하여"(행 9:1)라고 묘사합니다. 살기가 등등하여 쫓아가던 사울이 바울로 변화한 후 이제는 정반대의 처지가 되어 감옥에 갇혀 있습니다. 그런데 그가 쓴 빌립보서는 전체에 따뜻함이 일관되게 흐르고 있습니다.

빌립보 교회도 어떤 큰 환란이나 위기에 봉착해서가 아니라 일상에서 훈련되지 못한 거칠고 서툰 태도 때문에 결국 엉뚱하고도 부정적인 열매들이 교회에 나타나게 된 것입니다. 그래서 이를 직시한 바울이 감옥에서 빌립보 교회를 향하여 편지를 쓴 것입니다. 이러한 당시 상황을 염두에 두고 빌립보서를 살펴보면 이해하는 데 도움이 될 것입니다.

빌립보 교회의 태동

사도 바울이 빌립브 교회를 설립하게 된 배경을 살펴보겠습니다. 사도행전 16장은 빌립브 교회가 태동하게 된 아주 중요한 배경을 보여 줍니다. 사도행전 16장 12-14절을 보십시오.

> 거기서 빌립보에 이르니 이는 마게도냐 지방의 첫 성이요 또 로마의 식민지라 이 성에서 수일을 유하다가 안식일에 우리가 기도할 곳이 있을까 하여 문 밖 강가에 나가 거기 앉아서 모인 여자들에게 말하는데 두아디라 시에 있는 자색 옷감 장사로서 하나님을 섬기는 루디아라 하는 한 여자가 말을 듣고 있을 때 주께서 그 마음을 열어 바울의 말을 따르게 하신지라.

원래 바울은 아시아로 가기를 원했습니다. 그런데 하나님이 바울에게 마게도냐 사람이 서서 오라고 손짓하는 환상을 보여 주심으로 그가 아시아로 가는 길을 막으십니다. 이 환상을 가지고 많은 기독교 역사가들은 그때 바울이 선교의 물줄기를 아시아로 틀었으면 인류의 역사는 또 한 번 갈라졌을 것이라고 말합니다.

'그러면 하나님은 아시아는 사랑하지 않으시는가?'라는 생각이 들 수도 있습니다. 그런데 성경을 잘 보면 하나님이 아시아 쪽으로는 베드로를 보내셨음을 알 수 있습니다. 베드로전서를 보면 베드로가 본도, 갈라디아, 갑바도기아 같은 아시아권으로 베드로가 들어가 있습니다. 하나님은 아시아를 홀대하신 것이 절대 아닙니다.

바울이 하나님의 뜻에 순종하여 이른 곳은 마게도냐 지방의 첫 성인 빌립보입니다. 이 첫 성이라는 말은 첫 번째로 도착한 성이라는 의미가 아닙니다. 그 지역에서 으뜸가는 성이라는 뜻입니다. 문화, 경제, 정치, 사회 여러 면에서 그 지역, 즉 유럽에서 최고의 도성인 것입니다. 그런데 그 첫 성 빌립보는 로마의 식민지였습니다. 여기서 우리는 이 지역에 얽힌 전쟁사를 이해할 필요가 있습니다.

  BC 360년, 그러니까 예수 그리스도께서 오시기 전입니다. 그 당시 빌립보는 로마의 식민지가 아니라 알렉산더 대제가 다스리고 있었습니다. 알렉산더 대제의 아버지 이름은 빌립이었습니다. 다시 말해, 필립 2세가 알렉산더의 아버지입니다. 그런데 원래 그곳은 야만인들이 모여 살던 지역입니다. 국가도 형성되어 있지 않았습니다. 그런 지역을 필립 2세가 점령해서 문화 도시로 건설을 해 나간 것입니다. 그래서 그리스 문화가 창궐한 도시국가를 이루게 됩니다. 그렇게 형성된 도시가 그의 이름을 딴 빌립보입니다.

  '필립'이라는 이름의 뜻은 '작은 샘'입니다. '필립보'는 필립의 복수형입니다. 그런데 그 후에 그의 아들 알렉산더가 통치하던 BC 168년도에 로마와 역사상 몇 안 되는 유명한 전쟁을 일으킵니다. 그리스와 로마 전쟁이지요. 이 전쟁에서 알렉산더가 로마에 굴복하고 맙니다. 그래서 빌립보 도성이 로마의 식민지가 되었습니다.

  그러나 빌립보가 완전한 로마 식민지가 되기까지는 약 22년이라는 긴 세월이 걸렸습니다. 왜 그렇게 오랜 시간이 걸렸을까요? 로마가 무력으로 들어와서 깃발은 꽂았지만 실질적으로는 바로 로마 땅이 되지 못했습니다. 그 땅에 녹아 있는 알렉산더와 필립의 영향력과 문화가 하루아침에 바뀌는 것이 아니었기 때문입니다. 그래서 로마는 빌립보 지역에 로마의 퇴역 장성들을 파견합니다. 현역에서 은퇴한 장군들을 빌립보 지역으로 대거 이주를 시킨 것입니다. 그렇게 해서 이 빌립보 지역을 작은 로마로 만들어 가기 시작했습니다.

여기서 전쟁의 배경이 아주 중요합니다. 빌립보를 작은 로마로 만들어 가는 동안 엄청난 희생이 따랐습니다. 과거에 미국이 이라크와 전쟁을 벌여 이기긴 했지만 그 후 곧바로 미국이 이라크를 마음대로 움직일 수 있었습니까? 전쟁 때보다 더 큰 희생들이 따라온 것을 우리는 보았습니다. 마찬가지로 BC 168년에 로마가 전쟁을 통해 빌립보 지역을 점령했지만, 그 땅을 식민지화 하는 데는 22년이라는 긴 세월이 걸렸고 그 동안 엄청난 재정과 군사력이 동원되었습니다.

식민지화 정책의 일환으로 로마 정부에서는 이 지역의 시민들 모두에게 로마의 시민권을 부여합니다. 그렇게 함으로 빌립보 시민들이 비록 식민지에 살고 있지만 로마의 시민권자로서 로마의 긍지와 영광을 누릴 수 있도록 혜택을 부여해 준 것입니다. 그때부터 빌립보에 사는 사람들은 이방인의 신분임에도 불구하고 로마의 시민으로서 모든 혜택을 누리며 살게 되었습니다.

이 일에 중요한 역할을 한 사람들이 바로 로마의 퇴역 군인들이었습니다. 그래서 빌립보서에는 군대 용어가 많이 등장합니다. 로마에서 빌립보로 이주하게 된 로마의 군인들이 빌립보에 정착하여 살면서 로마의 문화와 경제를 전파하고 로마 시민권자로서 긍지를 갖게 해 주는 데는 거의 22년이라는 세월이 걸렸습니다. 그런 후에 이 빌립보는 완전한 작은 로마가 된 것입니다.

여기에는 하나님의 섭리가 있었습니다. 빌립보 지역은 이 땅에 발을 붙이고 살아가는 하나님 나라 백성들의 정체성과 삶의 자세를 보여 줄 수 있는 도시인 것입니다. 로마의 통치 아래 있는 빌립보 지역에는 빌립보 사람들이 이방인으로 살아가지만 그들은 로마의 시민권자입니다. 이 중요한 정치적, 군사적 구도 안에서 하나님이 바울이라는 영적 거장을 그곳으로 보내셔서 하나님 나라를 드러내고자 하신 것입니다.

이것은 우리 그리스도인들이 이 땅에서 어떻게 살아야 하는지를 보여 줍니다. 우리는 이 땅에 발을 붙이고 사는 사람들이지만 우리의 시민권은 하늘에 있습니다. 그러므로 우리는 이 땅에서 하늘 시민권자로서 긍지를 가지고 하나님 나라의 문화와 법도를 드러내면서 살아야 할 책무를 가진 영광스러운 존재들이라는 것을 하나님은 빌립보서를 통해서 우리에게 알려 주기 원하시는 것입니다.

하나님이 준비시키시는 삶

로마의 식민지인 빌립보에 도착한 바울은 안식일에 기도 처소를 찾기 위해 돌아다녔습니다. 여기서 히브리인들의 문화적 배경을 아는 사람은 의문이 생길 것입니다. 그 당시에도 히브리인들은 여러 이방나라에 흩어져 사는 디아스포라였기 때문에 히브리인들이 있는 곳이라면 어디든 회당이 있었습니다. 여기서 회당은 그들에게 중요한 의미가 있었습니다. 외국에서 살면 성전을 갈 수 없으니까 자신들이 모여 사는 마을에 회당을 지어서 안식일마다 모여서 하나님께 예배를 드렸기 때문입니다.

그래서 빌립보에 회당이 없어서 바울이 찾으러 돌아다녔다는 것은 시사하는 바가 있습니다. 히브리 규정상 히브리 남자 열 명만 모여 사는 곳이라도 반드시 하나의 회당을 짓도록 되어 있습니다. 이를 통해, 빌립보는 히브리 남자 10명조차 없을 정도로 유대인들은 수적으로도 굉장히 미미한 존재였음을 알 수 있습니다.

바울이 그런 빌립보 지역으로 보냄을 받아 기도 처소를 찾으러 돌아다닙니다. 그러다가 루디아라는 여인을 만나게 됩니다. 루디아는 이름이 아니라 지명입니다. 우리 말로 '안성댁'이라고 부르는 개념과 비슷합니다. 그러니까 정확히 말하면 루디아(당시에는 '리디아'라고 불렸습니다)에서 온 여자입니다. 이 여인을 통해 나중에 빌립보 교회가 세워지게 됩니다. 그래서 이 빌립보 교회는 개척 초기부터 여성들의 파워로 설립된 특이한 교회입니다.

당시 빌립보 교회의 여성들이 어떻게 교회 속에서 그들의 독특한 역량을 펼쳐 나갔는지 빌립보서 전반에 걸쳐서 볼 수 있습니다. 여성의 잠재력과 재능에 대해 어느 시대보다도 강조되고 있는 지금 이 시대에, 우리가 빌립보서를 공부하고 빌립보 교회를 연구한다는 것은 시기적으로 아주 적절합니다.

바울이 만난 루디아는 "하나님을 섬기는"이라는 수식어로 표현되어 있습니다. 이 여인은 두아디라에서 온 사람입니다. 두아디라는 아시아 지역입니다. 바로 사도 바울이 그토록 가기를 원했던 아시아에서 온 여인을 만난 것입니다. 루디아는 장사하는 직업을 가진 사람이었습니다. 그 시대에 무역업을 하면서 살아가는 탁월한 능력을 갖춘 여성이었던 것입니다. 그러면 당시 루디아가 빌립보에 온 목적은 교회를 개척하러 온 것일까요? 돈을 벌기 위해 온 것일까요? 루디아는 교회 개척을 하러 온 것이 아니라 돈을 벌기 위해 온 사람입니다. 자신의 생업을 위해서 열심히 뛰어다니다가 빌립보까지 온 것입니다.

이처럼 하나님이 쓰시려고 택하신 사람은 스스로 힘써 살아갈지라도 그 모든 삶은 하나님의 섭리 안에 있습니다. 루디아는 자신의 생업에 최선을 다하고 있던 사람입니다. 그러나 하나님 나라의 관점에서 보면 루디아의 인생행로는 결국 하나님을 향한 길로 가고 있었던 것입니다. 하나님 나라에 쓰임받기 위해 자신도 모르는 사이에 머나먼 이방 땅에 장사하러 왔던 것입니다. 루디아는 자신의 생업을 위해 최선을 다한 것이지만 하나님은 그의 삶을 하나님 나라를 위해 준비하는 삶으로 이끄신 이 신비한 섭리를 우리는 볼 수 있어야 합니다.

그런데 오늘날 교회 안에는 많은 여성들이 일 때문에 갈등에 놓여 있습니다. 사회 속에서 여성으로서 일하면서 눈에 보이지 않는 남녀 차별 등의 문제로 한계에 부딪혀 힘드는 데다, 교회 일에 많은 시간을 내지도 못하여 하나님께 덜 충성하는 것 같은 느낌 때문에 직장 생활을 계속 해야 할지 말아야 할지 고민하는 것입니다. 이에 대해 루디아라는 인물을 통해 우리는 교훈을 얻을 수 있습니다. 자신의 일에 최선을 다하십시오. 하나님은 분명 그것을 사용하십니다.

루디아는 자신의 일을 위해 부지런히 빌립보까지 갔지만 결국에는 빌립보 교회의 개척 멤버로 성경에 기록될 정도로 쓰임 받았습니다. 자신이 그렇게 될 줄 루디아는 꿈에도 몰랐습니다. 오직 하나님만 그러한 계획을 갖고 그녀의 삶을 인도해 오셨습니다. 우리의 인생이 어떻게 전개될지 알고 살아가는 사람은 아무도 없습니다. 다만 우리가 있는 그 자리에서 늘 최선을 다하여 살아갈 때 하나님은 그분의 때에 우리의 삶을 사용하십니다.

그리스도의 종으로서 겸손과 자부심

이제 본격적으로 빌립보서에 들어가 자세히 살펴보도록 하겠습니다. 1장 1절을 보십시오.

> 그리스도 예수의 종 바울과 디모데는 그리스도 예수 안에서 빌립보에 사는 모든 성도와 또한 감독들과 집사들에게 편지하노니.

바울은 "그리스도 예수의 종 바울과"라는 말로 편지를 시작합니다. 바울의 다른 서신서들을 보면 그가 자신을 지칭하는 말로 종종 언급하는 단어가 있는데 그것은 '사도'입니다. 그 예로 한 부분만 찾아 확인해 보겠습니다. 갈라디아서 1장 1절을 보십시오.

> 사람들에게서 난 것도 아니요 사람으로 말미암은 것도 아니요 오직 예수 그리스도와 그를 죽은 자 가운데서 살리신 하나님 아버지로 말미암아 사도 된 바울은.

"사도 된 바울은"이라고 그는 말합니다. 그런데 이상하게도 빌립보서에는 이 '사도'라는 말이 빠져 있습니다. 그 이유가 무엇일까요? 빌립보 교회는 외국에 사는 기독교인, 즉 이방인들을 중심으로 설립된 교회이기 때문에 바울의 사도권에 대한 시비가 없었습니다. 그러므로 바울이 자신의 사도 직분의 정당성에 대해서 설명할 이유가 없었습니다.

그러나 바울이 자신의 사도권에 대해 시비가 있었던 교회들에게 서신을 띄울 때는 자신이 '사도'임을 꼭 명시했습니다. 유대인들이 많은 교회들은 예수님께 직접 가르침을 받았거나 사도로 임명된 사람만 '사도'로 인정했기 때문에 그렇지 않았던 바울의 사도권에 대한 시비가 많았습니다. 그러나 바울은 다메섹 도상에서 부활의 예수님을 직접 만났고 사도로 부르심을 받았기 때문에 명백히 사도입니다.

그런데 이러한 시비에 대해 바울이 자신이 사도임을 분명히 나타낸 의도가 있습니다. 그것은 자신의 권위를 세우기 위해서가 아니라 순전히 복음 전파를 위해서였습니다. 사도권이 흔들리게 되면 자신이 전하는 복음도 진정성이 떨어지게 되는 것을 막기 위함이었던 것입니다.

그러므로 빌립보서 1장 1절에 '사도'라는 단어가 빠져 있는 것으로 보아, 빌립보 교회에서는 적어도 바울의 사도권에 관한 시비는 없었음을 짐작할 수 있습니다.

'종'이라는 말은 헬라어로 '둘로스'입니다. 이것은 그 당시 노예계급 중에서도 가장 천한 계급을 지칭하는 말입니다. 전적으로 주인의 뜻에 의해서만 움직여야 하는 종의 신분입니다. 그런데 당시 최고의 가문과 교육 수준을 갖추었던 바울이 왜 자신을 그렇게 지칭했을까요? 물론 그리스도에게 자신은 철저히 낮고 낮은 종이라는 겸손을 표현하는 의미도 있을 것입니다. 그러나 그보다 더 깊은 의미가 있습니다.

'OO의 종'이라는 표현은 구약성경을 기록하던 유대인들이 자주 사용했던 숙어입니다. 예를 들어, "하나님의 종 모세는", "하나님의 종 아모스는"처럼 유대인들이 성경을 기록할 때 문법체계 안에서 즐겨 썼던 용법이었던 것입니다. 바울이 자신을 "그리스도의 예수의 종"이라고 소개하는 이유가 있습니다. 구약시대의 모세나 아모스 같은 선지자들의 사명의 연장선상에 자신을 두었음을 드러내는 것입니다.

그러므로 "그리스도 예수의 종 바울"이라는 표현에는 두 가지의 의미가 담겨 있습니다. 자신이 예수 그리스도 앞에 그렇게 겸손할 수밖에 없는 종임을 고백하는 동시에, 구약시대 선지자들의 역할과 사명의 반열에 자신이 서 있음을 당당하게 밝히고 있는 것입니다.

동역자를 존중하라

그리고 바울은 자신의 이름 뒤에 디모데를 언급합니다. 디모데는 바울 자신이 낳은 제자이자 아들 같은 사역자입니다. 디모데를 빼고 자신의 이름만 써도 시비 걸 사람은 아무도 없지만 바울이 디모데를 언급한 것은 동역자에 대한 그의 존중을 보여 줍니다.

교회의 영적 성숙도를 측정하는 몇 가지 기준이 있는데, 그중 한 가지는 담임목사와 교인들이 부목사나 다른 교역자들을 어떤 태도로 대하는가 하는 것입니다. 바울은 이 서신의 첫머리에서 디모데를 언급합니다. 그것은 빌립보 교회 성도들에게 디모데를 자신을 대하듯 하라는 의미를 내포하고 있습니다. 담임목사의 일들 중 많은 부분을 부교역자들이 수행하고 있습니다. 그렇기 때문에 성도들은 담임목사를 대하는 태도와 부교역자들을 대하는 태도가 달라서는 안 됩니다. 성숙한 교회일수록 모든 목회자를 한결같이 존중합니다. 담임목사도 부교역자들을 대할 때 바울이 디모데를 대하듯 해야 합니다.

그리고 바울은 성도와 지도자 그룹을 언급하는데, 여기에도 순서가 있습니다. 바울이 성령의 감동을 통해서 이 순서조차도 의도를 가지고 치밀하게 배치한 것입니다. 교회에서 가장 중요한 기초적 구성원은 성도입니다. 교역자들은 성도들을 위해 부름받은 사람들입니다. 그렇기 때문에 목회자들을 무시해서도 안 되지만 너무 우상화해서도 안 됩니다. 그런 극단적인 태도는 교회를 망하게 하는 것입니다. 바울의 편지에서 볼 수 있듯이 교회의 가장 기초단위는 성도이고 그 뒤에 지도자들이 있습니다. 그 이유는 무엇일까요?

당시 빌립보 교회는 여성들로 구성되어 시작되면서 내부적인 아픔을 겪게 되었습니다. 빌립보서 4장 2절을 보면, 바울은 "내가 유오디아를 권하고 순두게를 권하노니 주 안에서 같은 마음을 품으라"고 말합니다. 교회 안에 분열이 있었음을 알 수 있습니다. 거친 말과 정서적 표현의 부족함 같은 이유로 여성들 특유의 예민한 감성적 충돌들이 빌립보 교회 안에 있었던 것입니다.

그런데 교회의 연합과 일치의 열쇠는 지도자들이 가지고 있습니다. 교회 안에 갈등이 생겨도 당회원들이나 직분자들만 연합되어 있으면 분열되지 않습니다. 교회가 평안하게 든든히 서 가며 교단을 넘어 널리 아름다운 소문이 나게 되는 것은 지도자들이 하나 되어 있기 때문입니다. 교역자들이 잘해서가 아닙니다. 성도들 중에 앞에 선 지도자들이 한마음이 되면 교회는 성장하게 되어 있습니다. 그래서 본문에서 바울은 성도들의 이름 다음에 지도자들, 즉 감독과 집사들의 이름을 언급하는 것입니다. 여기서 감독은 말씀을 증거하는 지도자들입니다.

분열의 위기 앞에 있는 빌립보 교회를 향해서 바울이 지도자들의 단결을 호소하고 있는 것입니다.

은혜가 임하면 평강이 따라온다

바울은 문안인사를 합니다. 2절을 보십시오.

하나님 우리 아버지와 주 예수 그리스도로부터 은혜와 평강이 너희에게 있을지어다.

"은혜와 평강"이라는 말이 나오는데 이 두 단어의 순서에도 의미가 있습니다. '은혜'라는 듯은 히브리적 표현이고 '평강'이란 말은 헬라적 표현입니다. 그런데 은혜가 평강보다 먼저 나옵니다. 평강은 하나님의 은혜로부터 시작이 됩니다. 평강이 있으니 은혜가 임하는 것이 아닙니다. 우리가 하나 되자고 한다고 하나가 되지 않습니다. 하나님이 은혜로 덮어 주셔야 하나가 되고 평강이 따라오는 것입니다.

'평강'이라는 말은 '건강하다'라는 뜻입니다. 모든 것이 제자리에 있고 연결되어 있다는 의미입니다. 몸속의 혈관이 막힌 데 없이 다 통하고 있어서 몸이 건강하다는 것입니다.

모든 교회 공동체와 가정들에 하나님의 은혜가 강물처럼 임하길 바랍니다. 그래서 하늘의 평강이 가득해지고 아름다운 열매가 맺혀 이 땅에 아름다운 영향력을 끼치는 우리 그리스도인들이 되기를 축복합니다.

chapter 2

은혜에

참여한 자

내가 너희를 생각할 때마다 나의 하나님께 감사하며 간구할 때마다 너희 무리를 위하여 기쁨으로 항상 간구함은 너희가 첫날부터 이제까지 복음을 위한 일에 참여하고 있기 때문이라 너희 안에서 착한 일을 시작하신 이가 그리스도 예수의 날까지 이루실 줄을 우리는 확신하노라 내가 너희 무리를 위하여 이와 같이 생각하는 것이 마땅하니 이는 너희가 내 마음에 있음이며 나의 매임과 복음을 변명함과 확정함에 너희가 다 나와 함께 은혜에 참여한 자가 됨이라 내가 예수 그리스도의 심장으로 너희 무리를 얼마나 사모하는지 하나님이 내 증인이시니라.

빌립보서 1장 3-8절

앞장에서 빌립보 지역이 가진 역사적 배경과 빌립보 교회가 태동하게 된 배경, 그리고 바울이 빌립보 교회에 편지를 쓴 동기와 목적을 살펴보았고, 바울의 문안인사도 간단히 보았습니다. 이제 이 장에서부터는 빌립보서의 본론으로 들어가겠습니다.

감사하는 마음의 능력

바울은 감옥 안에서 자신이 개척한 빌립보 교회에 대해서 좋지 않은 두 가지 소식을 듣게 되었습니다. 그중 한 가지는 어떤 사람들이 감옥에 갇혀 있는 바울 자신을 폄하하고 있다는 내용이었습니다. 상황이나 입지가 괜찮을 때는 다른 사람들이 깎아내리는 것이 큰 상처가 되지 않지만 코너로 몰려 죽을 고비에 있는 상황에 있는 바울로서는 참으로 속상할 수 있는 일입니다. 그뿐 아니라 이 교회가 지금 내분의 위기에 처해 있다는 것입니다. 3절을 보십시오.

내가 너희를 생각할 때마다 나의 하나님께 감사하며.

그런데 이러한 바울의 고백에 놀라지 않을 수 없습니다. 빌립보 교회가 안고 있는 큰 문제들에도 불구하고 바울은 이 교회를 위해서 기도

할 때마다 감사한다고 말합니다. 이러한 감사함이 어떻게 생겨나는 것일까요? "내가 너희를 생각할 때마다"라는 구절에서 볼 수 있듯이 감사의 기초는 바로 '생각'에 있습니다. '생각'이라고 번역되어 있지만 정확한 표현은 '기억'입니다.

그래서 구약성경에서 감사와 관련된 모든 구절들의 기초는 '기억'입니다. 대표적인 예로, 신명기를 보면 애굽에서 인도하여 내신 여호와를 예배하고 기억하라는 내용의 명령이 여러 번 나옵니다. 모든 감사는 잊지 않고 기억하는 데서부터 시작되는 것입니다.

기억하지 않는 사람은 감사할 수 없습니다. 우리가 해마다 맥추감사절이라든지 추수감사절을 지키는 이유는 기억하기 위해서입니다. 우리가 어디서부터 온 존재이며 어떻게 구원을 얻었고, 하나님이 우리에게 어떤 은혜를 베푸셨는지를 우리는 자꾸만 잊어버리기 때문에 그것들을 기억하기 위해 날짜를 정해놓고 지키는 것입니다. 'Thanksgiving Day'라는 단어도 'Thinking'에서 파생되었습니다. 하나님의 은혜를 기억하고 기념하는 것입니다.

그래서 바울은 빌립보 교회를 생각할 때마다 그 교회가 가진 큰 문제들에도 불구하고 감사하는 마음이 압도하고 있었던 것입니다. 이것이 바로 그리스도인들이 교회나 사람들을 대할 때 가져야 할 중요한 자세입니다.

사실, 빌립보서 4장을 보면 바울은 빌립보 교회에 대한 불쾌한 일들이 있었음을 알 수 있습니다. 교회 안에서 성도들이 싸우고 바울 자신을 폄하하는 일들이 일어났던 것입니다. 그럼에도 바울이 이 교회를 바라볼 때 감사한 마음이 좋지 않은 일들을 압도해 버린 것입니다. 우리는 다른 사람들과 더불어 살아갈 때 그런 마음의 능력이 필요합니다. 나를 힘들게 하는 사람조차도 감사한 마음으로 제압해 버리는 그런 성숙한 태도, 주님은 우리에게 그런 성품의 열매를 원하십니다.

고난 중에도 기뻐할 수 있는 이유

4절을 보십시오.

간구할 때마다 너희 무리를 위하여 기쁨으로 항상 간구함은.

빌립보서는 기쁨의 서신이라고 불립니다. 그런데 여기서 생각해 볼 점이 있습니다. 바울은 평안하고 모든 것이 만족스러운 상황에서 이 기쁨의 편지를 쓴 것이 아닙니다. 그는 로마의 감옥 안에서 이 편지를 썼습니다. 그러면 바울이 그렇게 힘들고 어려운 상황 속에서 빌립보서를 쓴 목적이 무엇일까요?

몇 가지 목적들 중에 하나는, 어려운 환경을 극복하고 승리하는 법을 성도들에게 가르쳐 주기 위해서입니다. 바울이 전하고자 하는 하늘의 기쁨이 없다면 우리는 그리스도인으로서 세상의 환난을 극복할 수 없습니다. 우리가 이 땅에 살면서 믿음의 승리를 경험하고 그리스도를 얘기하려면 우리 안에 그런 삶의 근거가 되는 기쁨이 있어야 합니다.

바울은 비록 감옥에서 이 글을 쓰고 있지만 그 마음속에는 어떤 것도 대신할 수 없는 기쁨, 부당한 대우와 힘든 상황 속에서도 속에서 넘쳐나는 기쁨 때문에 모든 것을 극복하고 승리할 수 있다고 말합니다. 오늘날 우리에게도 그러한 기쁨이 있어야 합니다.

그런 의미에서 이 빌립보서는 세상 모든 사람에게 쓴 편지가 아니라 특별히 그리스도인을 향하여 쓴 편지입니다. 그리스도인들이 고난 가운데서도 어떻게 기쁨을 잃지않고 오히려 세상 사람들에게 기쁜 소식을 전할 수 있는지를 깨닫게 해 주고 도전하는 메시지입니다.

4절에서 볼 수 있듯이 바울은 "너희 무리" 같은 표현을 자주 씁니다. 그 이유는 앞에서 언급한 것처럼 당시 빌립보 교회가 자칫하면 분열될 위기에 처해 있었기 때문입니다. 그래서 그런 표현을 통해 "너희는 하나다. 너희는 성령 공동체로서 한 가족이다."라는 사실을 상기시켜 주고 있습니다.

그리스도인의 정체성

성도라고 불리는 우리 그리스도인들은 어떤 존재일까요? 우리는 이 땅에서 하나님의 자녀로 살아가면서 분명한 정체성을 가지고 있어야 합니다. 그렇지 않으면 환경과 상황에 따라 믿음이 흔들려 내면과 삶에 혼돈이 오게 되기 때문입니다. 그러면 그리스도인이란 어떤 존재인지 세 가지를 생각해 보겠습니다. 먼저, 7절을 보십시오.

> 내가 너희 무리를 위하여 이와 같이 생각하는 것이 마땅하니 이는 너희가 내 마음에 있음이며 나의 매임과 복음을 변명함과 확정함에 너희가 다 나와 함께 은혜에 참여한 자가 됨이라.

이 구절에서 바울은 빌립보 교인들을 향해 "은혜에 참여한 자"라고 말합니다. 그리스도인은 "은혜에 참여한 자"입니다. 이것은 매우 중요한 정체성입니다. '은혜'라는 것은 무엇일까요? 그것은 '받을 자격이 없는 자에게 베풀어지는 호의'입니다. 그 이상도, 이하도 아닙니다. 그리스도인은 그러한 은혜에 들어간 사람입니다.

다음으로, 그리스도인이란 '성도'입니다. 교회에 다닌다고 누구나 다 성도가 되는 것이 아닙니다. '성도'라는 말은 두 가지 의미를 가지고 있습니다. 첫째는 '구별하여'라는 뜻입니다. 이것은 하나님의 무조건적인 선택을 의미합니다. 이 세상으로부터 구별하여 불러낸 존재가 '성도'입니다. 하나님이 무엇 때문에 불러내셨을까요? 하나님 나라의 일꾼으로 쓰시고 그 영광을 누리게 하시기 위해서입니다.

이 부분에서 가톨릭교가 범한 오류가 있습니다. 가톨릭교에서는 자신들이 정해 놓은 성인의 기준을 가지고 한 사람이 살았던 삶을 평가하여 성인의 반열에 올리고 추앙합니다. 그러나 성경은 성도의 신분을 그렇게 계급화한 대목이 한 군데도 없습니다. 오히려 그것을 배격합니다. 빌립보서 1장 1절에서 바울은 "모든 성도"라고 말합니다. 모든 성도는 주 안에서 형제요 자매로서 평등합니다.

그런데 오늘날 개신교 안에서도 직분을 위시해서 계급화 분위기가 적지 않게 형성되고 있습니다. 직분에 대해 잘못된 개념을 갖고 있기 때문입니다. 직분은 신분을 나타내는 것이 아닙니다. 하나님이 각자의 달란트에 맞게 교회 공동체를 섬기라고 주신 직책입니다.

예를 들면, 장로, 권사 투표를 해서 될 수도 있고 안 될 수도 있습니다. 교회가 크면 사람들의 섬김을 일일이 다 못 알아주기도 하고 못보고 지나치는 경우들이 많이 있기 때문입니다. 그런데 대부분 교회를 오래 다닌 사람들 사이에서 "적어도 권사는 돼야 되는데…", "여태껏 집사밖에 못하고 있다."라는 식으로 얘기하는 것을 종종 보게 됩니다. 이것은 우리의 사고가 자신도 모르게 세속화되었음을 보여 주는 것입니다. 교회 안에 스며들어와 있는 세상적 계급 질서 의식을 분별하여 과감히 벗어던져야 합니다.

셋째로, 그리스도인이란 '그리스도 안에서 한 몸이 된 존재'입니다. 고린도전서 12장 27절을 보십시오.

> 너희는 그리스도의 몸이요 지체의 각 부분이라.

성경에서 말하는 교회는 성도들의 모임입니다. 건물은 교회가 모일 수 있는 공간일 뿐입니다. 그러니까 예배당에 다닌다고 성도가 되는 것이 아닙니다. 그리스도의 몸의 지체가 되지 않으면 엄밀한 의미에서 그리스도인이 아닙니다. 아무리 목사, 장로라 해도 그리스도와 연합된 관계 안에 있지 않으면 그리스도인이 아닙니다. 그리스도의 몸, 이것이 성경이 말하는 정확한 의미의 그리스도인입니다.

하나님이 하시는 일

마지막으로 6절을 보십시오.

> 너희 안에서 착한 일을 시작하신 이가 그리스도 예수의 날까지 이루실 줄을 우리는 확신하노라.

이 구절에는 바울이 확신하는 두 가지 내용이 들어 있습니다. 첫째는, 빌립보 교회 안에 일어나고 있는 하나님의 일에 대해서 어느 누구도 막을 수 없다는 확신입니다. 바울은 빌립보 교회 성도들이 하는 일에 대해 확신을 가진 것이 아닙니다. 그들을 통해서 빌립보 교회에 하시는 하나님의 일에 대해서 확신을 가지고 있다는 것입니다. 사람들이 하는 일이 아니라 그들을 통해 역사를 이루어 가시는 하나님의 일을 바울이 본 것입니다.

우리도 하나님의 역사를 볼 줄 아는 눈이 필요합니다. 빌립보 교회 성도들은 각자 자기 의견을 주장하며 싸우고 있습니다. 빌립보 교회 성도들뿐만 아니라 오늘날에도 많은 성도들이 여전히 그렇게 하고 있습니다. 그러나 그럼에도 불구하고 그런 부족하고 미련한 사람들을 통해 이루어 가시는 하나님을 볼 수 있는 영적 시력이 우리에게 필요합니다.

우리는 때로 교회 일을 하면서 '이것이 교회인가?', '내가 저 사람하고 일을 같이 해야 되나? 내가 관두고 말지.' 같은 인간적인 마음이 들 때가 있습니다. 그것은 목회자든, 성도든 마찬가지입니다. 어쩌면 바울에게도 그런 마음이 있었을지 모릅니다. 그런데 바울은 사람이나 일에 신뢰의 근거를 두지 않았습니다. 사람들을 통해서 일하시는 하나님을 보았고 그분께 확신의 근거를 두었습니다.

바울이 가진 또 하나의 확신은 무엇일까요? 사도행전 14장 내용을 살펴보겠습니다. 바울은 세 차례에 걸쳐 선교 여행을 합니다. 그런데 14장은 바울이 아직 빌립보로 출발하기 전의 기록이기 때문에 1차 전도여행을 막 마친 때입니다. 그가 1차 전도여행을 마치고 이제 안디옥에 있는, 선교에 앞장섰던 교회 성도들에게 보고하는 내용입니다. 27-28절을 보십시오.

> 그들이 이르러 교회를 모아 하나님이 함께 행하신 모든 일과 이방인들에게 믿음의 문을 여신 것을 보고하고 제자들과 함께 오래 있으니라.

사람들이 말할 때 선택하는 단어는 그의 성향과 영적 성숙도를 보여 줍니다. 여기서 바울이 한 표현을 잘 보십시오. 바울은 1차 선교여행 때 자신이 겪은 모든 고난과 어려움을 "하나님이 함께 행하신 모든 일"이라는 말로 압축해서 표현합니다. 우리는 교회 일을 할 때 사람에게 지나치게 많은 영광을 돌리는 경향이 있습니다. 그러나 교회 안에서 어떤 일들을 하든지 하나님 외에는 어느 누구도 더 내세우면 안 됩니다.

바울은 "하나님이 함께 행하신 모든 일"과 같은 맥락으로 빌립보서 1장 6절에서 "너희 안에서 착한 일을 시작하신 이가"라고 말했습니다. 여기서 "착한 일"은 무엇을 의미하는 것일까요? 그것은 바로 빌립보 교회의 설립을 말합니다. 바울 자신이 강가에서 한 무리의 여성들을 만나 교회를 설립하게 되었던 그 일입니다. 그런데 그 위대한 일의 시작을 언급하면서 자신이 한 수고에 대해서는 전혀 언급하지 않습니다. 하나님이 시작하셨다고 고백합니다.

바울은 얼마든지 이렇게 말할 수 있었을 것입니다. "내가 원래는 아시아로 가려고 했다. 그런데 예수의 영이 나에게 환상을 보여 주셔서 이런 일들을 했다." 만일 우리 같으면 마치 자신의 영적 능력이 대단해서 환상을 보고 꿈을 꾼 것처럼 이야기할지도 모릅니다. 그것은 우리 안에 있는 교만이 뿌리째 뽑혀지지 않았다는 증거입니다.

환상은 우리가 보는 것이 아닙니다. 하나님이 보여 주셔서 우리가 보는 것입니다. 꿈도 우리가 꾸는 것이 아니라 하나님이 꾸게 하시는 것입니다. 요셉에게 하나님이 꿈을 두 번 보여 주신 데는 의미가 있습니다. 2라는 숫자는 확실하다는 뜻입니다. 그 꿈을 통해 요셉의 미래를 보이셨다는 것은 "네 인생은 네가 만들어 가는 것이 아니라 내가 인도하는 인생이다."라는 의미를 내포하고 있습니다.

마지막으로, 6절 끝부분에서 바울은 "그리스도 예수의 날까지 이루실 줄을 우리는 확신하노라."고 말합니다. 이 모든 일은 그리스도의 영광스러운 마지막 날에 초점이 맞추어져 있습니다. 그날을 위해 우리가 이 땅에 존재하며 지금 여기를 살아가는 것입니다. 이것을 늘 기억하며 푯대를 향하여 힘차게 달려가는 우리의 삶이 되기를 축복합니다.

chapter 3

선한 일을

위해

지음받은 자

내가 기도하노라 너희 사랑을 지식과 모든 총명으로 점점 더 풍성하게 하사 너희로 지극히 선한 것을 분별하며 또 진실하여 허물 없이 그리스도의 날까지 이르고 예수 그리스도로 말미암아 의의 열매가 가득하여 하나님의 영광과 찬송이 되기를 원하노라.
빌립보서 1장 9-11절

우리는 그리스도의 피로 구속함을 받은 하나님의 자녀들입니다. 그러면 하나님은 왜 독생자 아들을 내어 주시기까지 우리를 사랑하셔서 구원하셨을까요? 그 이유를 분명히 알고 있어야 합니다. 성경과 설교와 책들을 통해 이미 우리가 알고 있는 내용이지만 바울의 서신서를 공부하면서 다시 한 번 정리해 보도록 하겠습니다. 에베소서 2장 8-9절을 보십시오.

> 너희는 그 은혜에 의하여 믿음으로 말미암아 구원을 받았으니 이 것은 너희에게서 난 것이 아니요 하나님의 선물이라 행위에서 난 것이 아니니 이는 누구든지 자랑하지 못하게 함이라.

우리가 받은 구원의 성격에 대해서 이 성경구절은 짧지만 아주 분명하게 설명합니다. 그리고 이어지는 9절에서는 그 구원이 대가나 조건이 전혀 없는 하나님의 전적인 은혜에 근거한 것임을 말해 주고, 10절은 구원의 목적을 이야기합니다. 10절을 보십시오.

> 우리는 그가 만드신 바라 그리스도 예수 안에서 선한 일을 위하여 지으심을 받은 자니 이 일은 하나님이 전에 예비하사 우리로 그 가운데서 행하게 하려 하심이라.

우리는 선한 일을 위하여 지으심을 받은 자라고 말합니다. 그런데 여기서 말하는 '선한 일'이 무엇인지 조금 막연하게 느껴질 것입니다. '선한 일'이란 무엇을 의미하는 일까요? 그것은 "하나님이 전에 예비" 하신 일인데, 하나님이 창세 전에 우리 모두의 삶에 목적을 두신 것입니다. 우리가 그 목적 속에서 살아가게 하시는 하나님의 계획이 바로 '선한 일'입니다.

지식과 통찰력, 분별력이 있는 사랑

빌립보서 1장 9절에서 바울은 "내가 기도하노라."는 말로 시작합니다. 그리고 11절까지 세 구절에는 바울 자신이 개척하여 이제 자란 지 얼마 안 되는 빌립보 교회의 성도들이 어떤 그리스도인들로 성장하기를 원하는지에 대한 그의 간절한 기대와 기도가 담겨 있습니다. 바울의 이 기도 내용을 좀 더 깊이 살펴보겠습니다. 9절을 보십시오.

> 내가 기도하노라 너희 사랑을 지식과 모든 총명으로 점점 더 풍성하게 하사.

바울의 첫 번째 기도 내용은 빌립보 성도들의 사랑이 지금보다도 더 풍성해지는 것입니다. 그들의 사랑이 "지식과 모든 총명으로" 풍성해지기를 바울은 기도합니다. 그런데 '사랑', '총명', '풍성', 이 단어들은 개념이 구체적으로 잘 잡히지 않는 추상적인 단어들입니다. 이런 단어들을 사용해서 바울은 어떤 메시지를 전하려고 하는 것일까요?

첫째, 빌립보 성도들의 사랑이 '지식 있는 사랑'이길 원한다는 것입니다. '지식'이라는 단어는 헬라어로 '에피그노시스'입니다. 이것은 일반적인 지식을 말하는 것이 아니라 하나님의 말씀을 통해 얻는 지식을 말합니다. 바울이 로마에 사는 유대인들에게 쓴 편지인 로마서에는 이런 내용이 나옵니다. "저희가 하나님께 열심이 있으나 지식을 좇은 것이 아니라 하나님의 의를 모르고 자기 의를 세우려고 힘써 하나님의 의에 복종하지 아니하였느니라"(롬 10:2-3).

이것은 바울이 과거의 자신을 두고 한 말입니다. 그가 사울일 때도 얼마나 열심이었습니까? 시리아 북쪽 끝 다메섹 언덕까지 하나님의 의를 세우기 위해서 자기 나름으로 헌신하고, 충성하고 일한 결과가 열심히 그리스도를 대적한 일이었습니다. 그 시절을 떠올리면서 이 말씀을 기록한 것입니다.

종교의 형식이 강화될수록 우리 신앙생활에 이런 현상이 얼마든지 나타날 수 있습니다. 역사가 오래 된 교회일수록 하나님께 열심을 내는 종교적 형식이 심화되는데, 그것이 자칫하면 자기 의로 똘똘 뭉친 열심히 될 수 있다는 것입니다. 이것은 올바른 지식을 좇은 사랑이 아니라는 말입니다. 그렇기 때문에 우리는 항상 자기 자신을 돌아보면서 지금 어떤 모습으로 어디에 서 있는지를 하나님 앞에서 정직하게 볼 필요가 있습니다.

둘째, 총명을 바탕으로 사랑해야 한다고 말합니다. 총명이라는 말은 통찰력이라는 뜻입니다. 예를 들어 설명하겠습니다. 하나님의 말씀이 우리 마음에 들어와 감동을 일으킬 때 우리는 은혜를 받는다고 말합니다. 그런데 사실 은혜를 받기 전에 일어나는 영혼의 작용이 있는데 그것은 깨달음입니다. 하나님의 말씀을 들을 때 그것이 내 심령 속에서 깨달아져서 '아하!' 하며 고개가 끄덕여지는 것, 이것이 총명입니다. 하나님의 말씀이 내 안에 들어와 내 영혼에 '아하 포인트'가 일어나 그 복음으로 인해 눈이 바뀌고 관점이 바뀌고 생각이 바뀔 때 그 영혼의 희열을 그 무엇과 바꿀 수 있겠습니까.

이 총명이라는 단어는 헬라어로 '아이스데시스'라고 표현하는데 신약성경에서 유일하게 여기에만 나옵니다. 그런데 이것은 지식적인 열림만 말하는 것이 아니라 윤리적 결단까지를 내포하는 독특한 표현입니다. 우리가 사랑을 말할 때 추상적인 언어에서 그쳐 버릴 수가 있는데 기독교의 사랑은 선명한 실체입니다. 그리스도라는 실체가 기독교 사랑의 가장 중요한 내용이어야 합니다. 그분의 사랑은 십자가에 자기 전 존재를 건 사랑이었습니다. 그런 총명을 바탕으로 한 사랑이 우리에게 있기를 바울이 기도한다고 말합니다.

셋째, 바울은 "너희로 지극히 선한 것을 분별하며"라고 말합니다. 여기서 '분별'이라는 말은 두 가지 개념으로 쓰였습니다. 이 말은 라틴어로 '씨네쎄라'고 하는데 '위조지폐를 구분해 내다.'라는 뜻입니다. 종이돈이 진짜인지 가짜인지 구분해 낼 때 이 단어를 씁니다.

그리고 이 단어는 제사를 드릴 때 사용되었습니다. 구약시대에는 제사를 지낼 때 짐승을 하나님 앞에 바쳐야 했습니다. 그때 이 제물에 대한 검시관이 있었습니다. 그래서 제물을 바치기 전에 병든 데는 없는지, 찢긴 데는 없는지 등을 조사하여 흠이 없다고 판정이 나면 제단에 제물로 드릴 수 있었습니다. 여기서 분별이라는 단어가 사용되었습니다. 그러므로 분별이란 흠이 있는지 없는지를 구분해 낼 줄 아는 능력을 말합니다.

이것은 구약성경에서 '경영'이라고 표현되기도 합니다. 일반적으로 사람들은 '경영'이라는 단어를 정치·경제 용어로 알고 있지만 그 어원은 성경에 있습니다. 히브리어로 '경영'은 더 중요하고 덜 중요한 것, 그리고 먼저 해야 할 일과 나중에 할 일을 분별하는 능력을 뜻합니다. 이것은 특별히 사랑에 꼭 필요한 능력입니다. 우리의 사랑은 욕심과 이기심으로 어그러져 있는 모습이 너무나 많기 때문입니다.

지금까지 바울이 빌립보 성도들을 위해 기도한 첫째 기도 내용을 살펴보았습니다. 그것은 빌립보 성도들의 사랑이 지식과 통찰력과 분별력, 이 세 가지로 풍성해지기를 기도한다는 것입니다.

본질적인 것에 집중하라

다음으로 바울이 기도하는 내용이 무엇인지 살펴보겠습니다. 본문 말씀 10절 중간 부분을 보십시오.

또 진실하여 허물 없이 그리스도의 날까지 이르고.

이 구절에도 추상적인 단어들이 사용되었습니다. "진실하여 허물 없이"라는 말의 의미는 하나님과 사람들 앞에 자신의 내면세계를 열어 보일 때 위선이 없는 상태를 말합니다.

'진실'이라는 단어에 대해 좀더 자세히 살펴보겠습니다. 고대 사람들이 '진실'에 대해 가진 두 가지 개념은 덧칠을 하지 않은 상태와 햇빛에 비추어 테스트가 끝간 상태를 의미합니다. 고대에는 도자기 문화가 아주 번성했습니다. 도자기는 두꺼운 것보다 얇게 만들어진 것이 더 비쌉니다. 만들기가 그만큼 어렵기 때문입니다. 그런데 도자기를 얇게 만들면 불가마니 속에 넣었을 때 잘 깨지거나 금이 갑니다. 이것을 다시 만들려면 오랜 수작업이 필요합니다. 그런데 그 당시에도 마음이 나쁜 사람들이 있었습니다. 금이 간 도자기에 덧칠을 한 후에 무늬를 입혀 금이 안보이게 하는 것입니다. 그런 일들이 자주 발생하다 보니, 검시관들이 도자기를 햇빛에 비춰 봄으로 온전한 것인지 불량품인지를 구분하게 되었습니다. 햇빛 아래서는 미세한 금도 다 보입니다.

바울은 빌립보 성도들이 하나님과 사람 앞에 그 삶이 드러날 때 모든 인격과 성품에서 흠과 티가 없이 자라가기를 기도한 것입니다. 우리는 연약한 의지를 가진 존재이지만 그런 삶을 살기 위해 힘써 경주해야 합니다. 뜻밖에도 부모들의 이중적인 신앙생활 때문에 갈등하고 상처 받는 자녀들이 아주 많습니다. 집밖에서는 얼마든지 위선을 떨 수가 있지만 가족들은 실체를 다 압니다. 우리는 사회에서 존경 받고 박수 받는 만큼 가정에서 식구들로부터 존경 받고 박수 받을 수 있는 사람들이 되기 위해 정말 애쓰고 노력해야 합니다.

마지막으로, 바울은 빌립보 성도들을 위해 하는 기도는 이것입니다.

예수 그리스도로 말미암아 의의 열매가 가득하여.

의의 열매가 가득하기를 기도하고 있는데 그 앞에 중요한 수식어가 있습니다. "예수 그리스도로 말미암아"입니다. 그리스도가 빠진 모임이나 공동체는 사교 모임이지 교회가 아닙니다. 그리스도가 빠진 일은 열매라고 할 수 없습니다. 그래서 그리스도로 말미암는 것은 아주 중요합니다. 그 이유를 포도나무 비유를 통해 살펴보겠습니다. 요한복음 15장 1-2절을 보십시오.

> 나는 참포도나무요 내 아버지는 농부라 무릇 내게 붙어 있어 열매를 맺지 아니하는 가지는 아버지께서 그것을 제거해 버리시고 무릇 열매를 맺는 가지는 더 열매를 맺게 하려 하여 그것을 깨끗하게 하시느니라.

예수 그리스도는 나무요 가지는 성도라고 말합니다. 그리고 하나님 아버지는 농부에 비유하고 있습니다. 예수님은 "열매를 맺지 아니하는 가지는 아버지께서 그것을 제거해 버리'신다고 말씀하십니다. 그러므로 여기서 중요한 것은 가지가 나무에 붙어 있는 것입니다. 그럴 때 열매는 맺게 되어 있습니다. 이 비유에서 우리가 알 수 있는 사실은 우리 성도들이 나무인 예수님께 붙어 있을 때 자연적으로 열매를 맺게 된다는 것입니다.

신앙생활을 할 때 은혜를 받으면 자발적으로 전도하고 헌금하고 봉사하게 되어 있습니다. 그런데 많은 한국 교회들이 신앙생활의 열매들을 더 강조하고 부담을 주고 있습니다. 그러면 즐겁고 기대 되고 가슴 벅차야 할 신앙생활이 부담스럽고 재미가 없습니다. 가지인 우리가 나무인 그리스도와 생명의 교제를 하고 있기만 하면 열매는 자동적으로 맺히게 되는 법입니다.

주님을 만나는 것이 기뻐서 예배에 참석해야 하고 감격하고 감사해서 헌금을 드려야 합니다. 그런데 새벽 기도 시간에 출석을 부르는 교회가 있는가 하면, 직분자들에게 보이지 않게 헌금을 강요하는 교회도 있습니다. 참으로 딱한 모습입니다.

교회 안에서 비본질적인 것에 에너지를 소비하지 마십시오. 본질적인 것, 즉 우리가 언제나 그리스도께 붙어 있는지, 그분과 생명의 교제를 나누며 그분으로부터 생기를 얻으며 살고 있는지를 항상 확인하시기 바랍니다. 바울이 빌립보 성도를 위해 이것을 기도한 것입니다.

열매 맺는 나무의 조건

결론으로 시편 1편 3절을 보겠습니다.

그는 시냇가에 심은 나무가 철을 따라 열매를 맺으며 그 잎사귀가 마르지 아니함 같으니 그가 하는 모든 일이 다 형통하리로다.

이 말씀에 성도로서 중요한 삶의 원리가 있습니다. 나무가 과실을 맺고 그 잎사귀가 마르지 않습니다. 이를 위해 나무가 노력했다고 말하지 않습니다. 다만 시냇가에 심겨져 있을 뿐입니다. '심은'이라는 단어가 히브리어로는 '심겨진'이라는 수동태로 표현되어 있습니다. 원래 이 나무는 사막에서 죽어가고 있던, 아니 죽었던 나무입니다. 그런데 하나님이 사망에서 생명으로 옮기셨습니다. 영원히 마르지 않는 시냇가에 심겨진 나무가 할 일은 시절을 따라 열매 맺는 일뿐입니다. 하나님이 과실을 맺으라고 명령하신 적도, 그럴 필요도 없습니다.

우리 모든 그리스도인들의 신앙생활도 스스로의 힘으로 힘에 부치게 무엇을 하려고 애쓰는 것이 잘하는 것이 아닙니다. 그저 예수 그리스도께 붙어 있음으로 그분이 주시는 생기로 힘을 얻고 열매를 맺는 삶이 되어야 합니다.

바울이 빌립보 성도들을 위해서 기도한 세 가지 내용대로, 우리의 사랑이 풍성해지고, 진실하여 허물이 없고, 의의 열매가 가득한 그리스도인의 삶이 되기를 기도합니다.

chapter 4

하나님의 주권을 인정하는 자

형제들아 내가 당한 일이 도리어 복음 전파에 진전이 된 줄을 너희가 알기를 원하노라 이러므로 나의 매임이 그리스도 안에서 모든 시위대 안과 그 밖의 모든 사람에게 나타났으니 형제 중 다수가 나의 매임으로 말미암아 주 안에서 신뢰함으로 겁 없이 하나님의 말씀을 더욱 담대히 전하게 되었느니라.
빌립보서 1장 12-14절

성경을 볼 때는 여러 각도에서 살펴보아야 합니다. 그리고 성경은 이성적 접근뿐 아니라 감성적 접근도 필요합니다. 약 이천 년 전에 기록된 책이지만 우리가 그 시대로 들어가 감정이입을 하여 성경을 이해할 수 있는 풍부한 예지적 감성이 꼭 필요합니다.

예를 들면, 창세기에서 아브라함이 어느 날 갑자기 하나님께로부터 "아들 이삭을 바쳐라." 하는 명령을 듣는 본문을 어떤 심정으로 읽어야 할까요? '성경의 위대한 인물 아브라함이 순종하는 이야기지 뭐.' 이런 마음으로 읽으면 우리의 감정이입이 안 되는 것입니다. 그러면 성경에 나타나 있는 하나님의 심정을 이해할 수 없습니다. 그래서 성경을 볼 때는 성령을 통한 이성적 접근과 함께 감성적 접근이 필요한 것입니다.

그렇게 할 때 하나님이 십자가에 아들을 내어 놓으신 심정을 이해할 수 있습니다. 이러한 이해 없이 성경을 문자적으로만 읽으면 성경 속에 있는 하나님의 깊은 표정들을 놓치게 됩니다. 빌립보서를 볼 때도 이러한 접근을 염두에 두고 본문을 살펴보아야 합니다.

'진전'의 의미

바울이 빌립보 교회를 개척한 후 빌립보서를 쓰기까지는 4년 넘는 시간이 걸렸습니다. 결코 짧지 않은 시간입니다. 교회를 열심히 개척해 놓고 이제 한 기간의 사역이 끝난 후 바울은 선교 여행을 떠나고자 했습니다. 그 전에 그는 빌립보 성도들에게 자신이 없는 동안 교회를 잘 살피고 서로 교제를 나누고 예배를 열심히 드리라고 부탁했습니다. 그러고 나서 떠났는데 그에게서 아무런 소식이 없는 것입니다. 그 당시에는 지금처럼 전자메일이나 전화가 있는 것도 아니어서 소식이 끊어지면 행방이 묘연해졌습니다.

그런데 한참 후에 빌립보 교회로 한 가지 소문이 날아들어 오게 됩니다. 바울의 동역자로 갔던 에바브로디도가 병이 들어서 죽게 생겼다는 소식이었습니다. 그러자 교인들의 마음은 흔들리기 시작했습니다. 불안해지기 시작했습니다. 그래서 그가 죽었다, 감옥에 갇혔다 등 여러 가지 억측이 난무하는 가운데 드디어 편지가 온 것입니다. 감옥에 있는 바울의 편지인데 그것이 바로 이 빌립보서입니다. 1절부터 11절까지는 모두 인사라 할 수 있습니다. 이제 12절부터 바울이 빌립보 성도들에게 말하고자 하는 본론이 담겨 있습니다. 12절을 보십시오.

> 형제들아 내가 당한 일이 도리어 복음 전파에 진전이 된 줄을 너희가 알기를 원하노라.

여기서 "내가 당한 일"이란 바울이 감옥에 갇힌 자신의 상황을 얘기하는 것입니다. 그리고 '진전'이라는 말은 헬라어 원문을 보면 로마의 군사 용어였습니다. 로마 군인들 중에서도 로마 공병대가 쓰던 용어입니다. 군대에서도 각 분야마다 전문적으로 쓰는 용어들이 다릅니다. 그러면 공병대가 하는 일이 무엇일까요? 공병대는 전투요원이 투입되기 전에 투입되어 다리 놓고 임시 철교 놓고 길 닦는 부대입니다. 무척 힘든 일들을 하는데 공병대가 있어야 부대 화력과 이동성이 좋아집니다. 결국 그들의 역할은 길을 놓는 것입니다.

  로마 시대에는 매일 전쟁이 있었습니다. 그런데 로마 군대를 당해 낼 수 없는 중요한 무기가 있었는데 그것은 전차입니다. 유일하게 바퀴를 이용해서 온갖 중무장한 화력을 싣고 이동하면서 쏘는 무기인데, 어떤 막강한 군대도 전차 부대의 위력을 당해낼 수가 없었습니다. 그래서 이 전차 부대가 한번 지나가면 그곳은 로마 땅이 되어 버리는 것입니다. 그런데 이 전차가 이동하려면 반드시 길이 닦여 있어야 했습니다.

  바울이 바로 그 로마 공병대가 쓰던 단어인 '진전'을 편지에 쓴 것입니다. '길을 닦았다.'는 말은 곧 로마가 되었다는 것입니다. 당시 로마 제국에 살던 모든 사람은 그 개념을 제대로 이해할 수 있었습니다. 도로는 아주 중요한 것입니다. 도로망이 잘 되어 있을수록 수송이 원활하기 때문에 나라가 빨리 발전할 수 있기 때문입니다. 길이 가는 곳에는 언제나 로마의 승리가 있었습니다.

  세계 역사의 3대 유산이 있는데 그중 하나가 도로 유산입니다. 아직도 로마가 닦아 놓은 도로와 하수로는 지금도 사용되고 있습니다. 하수로를 만들지 않으면 폭우가 쏟아질 때 길이 다 망가집니다. 그래서 로마는 길을 닦으면서 그 아래에 하수로를 만들어 놓았습니다. 그 하수로가 지금도 튼튼하게 로마 건축법에 따라 사용되고 있다고 합니다.

영혼을 단련시키는 고난

'진전'이라는 것은 간단한 주제가 아닙니다. 그런데 바울은 "내가 당한 일이 도리어 복음 전파에 진전이 된 줄을 너희가 알기를 원하노라."고 말합니다. 여기서 우리가 짚고 넘어가야 할 중요한 문제가 있는데 그것은 지금 바울이 당면한 고난의 문제입니다.

우리 한국 그리스도인들은 고난에 대해서 동양적 사고방식을 가진 경향이 많습니다. 징벌신앙이 있다는 말입니다. 그래서 하나님은 우리가 잘못하면 때리시고 벌을 주시는 분으로 생각하는 사람들이 많이 있습니다. 그것은 잘못된 믿음입니다. 하나님은 우리를 벌하시려고 시퍼렇게 눈뜨고 계신 분이 아닙니다. 하나님은 잘못한 것에 대해 징계는 하십니다. 그러나 그 징계는 우리가 흔히 알고 있는 개념과는 다릅니다.

법 체제는 형벌이 따라옵니다. 예를 들어 강도죄나 살인죄를 범하여 5년형, 10년형을 받는 것은 말 그대로 벌입니다. 그러나 아버지가 자녀를 징계한다는 말은 헬라어로 '파이데이안'인데 이것은 영어로 '자녀를 만들어 가다.'는 뜻입니다. 예를 들어, 자녀가 마음대로 학교에 무단결석을 했다고 합시다. 그러면 부모는 자식을 혼내고 벌을 줍니다. 어릴 때는 부모에게 벌 받으면 부모가 자신을 미워한다고 생각하지만 철이 들면 그것이 벌이 아니라 사랑이었음을 우리는 자연스럽게 알게 됩니다. 히브리서에서는 "주께서 그 사랑하시는 자를 징계하시고"(12:6)라고 말합니다. 이렇게 우리가 잘못을 저질렀을 때 하나님이 우리를 사랑하시기 때문에 징계로서 주시는 고난이 있습니다.

그런데 고난에는 또 다른 종류가 있습니다. 베드로전서 1장 7절을 보십시오.

> 너희 믿음의 확실함은 불로 연단하여도 없어질 금보다 더 귀하여 예수 그리스도께서 나타나실 때에 칭찬과 영광과 존귀를 얻게 할 것이니라.

이 말씀에서 말하는 고난은 우리를 더 견고하게 만드시기 위해 하나님이 주시는 고난입니다. 우리가 자녀의 몸을 더 튼튼하게 만들어 주기 위해 매일 1km씩 뛰게 한다고 합시다. 아이는 뛰다가 힘들어서 부모를 원망하기도 합니다. 그러나 부모는 사실 아이의 체력을 강하게 하고 인내심도 기르고 건강한 정신이 길러지기를 바라는 마음에서 그렇게 하는 것입니다. 창세기는 50장 20절을 보십시오.

> 당신들은 나를 해하려 하였으나 하나님은 그것을 선으로 바꾸사 오늘과 같이 많은 백성의 생명을 구원하게 하시려 하셨나니.

이것은 요셉이 오랜 세월 후에 자기 앞에 엎드려 있는 형들의 처량하고 측은한 모습을 보면서 한 고백입니다. 당시 이스라엘과 주변의 모든 나라가 굶어 죽게 된 상황에 처해 있었습니다. 그런데 하나님이 요셉을 준비하신 것입니다. 만민을 살리시려고, 만민에게 하나님의 뜻을 전하게 하시려고 요셉을 고난의 구덩이, 아니 고난처럼 보이는 구덩이에 집어넣으신 것입니다. '내가 지난 소년 시절에 알 수 없이 고달팠던 그 시간들이 하나님이 이렇게 하시려고 나를 그 어려움 속에 몰아넣으신 것이로구나.' 하며 요셉은 이제 형들을 보면서 자신의 고난에 대해 정리가 된 것입니다.

바울이 그와 같은 얘기를 하고 있습니다. "내가 당한 일이 도리어 복음 전파에 진전이 된 줄을 너희가 알기를 원하노라." 이것은 또한 그리스도인들의 역사와 시간에 대한 책임 의식을 보여 줍니다. 룻기서 말씀에 이것이 잘 나타나 있습니다. 한 가정이 이방 땅으로 건너갔는데 남자 셋이 다 죽고 여자 셋만 남았습니다. 그것은 집안이 끝났음을 의미합니다. 그런데 그중에 한 명은 자신의 민족과 신을 찾아가고, 룻과 나오미는 고향 땅으로 쓸쓸히 돌아오게 됩니다. 하지만 대가 끊어진 집안에서 시어머니와 며느리 둘이서 무엇을 할 수 있겠습니까?

그런데 신명기를 보면 이스라엘에 계대혼인법이라는 것이 있습니다. 형이 죽으면 그 집안의 대가 끊어지지 않도록 하기 위해서 제일 가까운 형제가 남은 가족을 책임지고 자식을 낳아 대를 이어 가는 법입니다. 이 사회법이 의미하는 중요한 메시지가 있는데 그것은 책임 있는 공동체 의식을 말합니다.

이것이 그리스도인이 이 사회에 부름 받아 존재하는 이유입니다. 하나님이 물질이나 건강을 주셨다면 그것은 혼자 잘 먹고 잘 살라는 의미에서 주신 것이 아닙니다. 그렇지 못한 사람들에 대한 책임을 가지라는 소명의 차원에서 하나님이 복을 주신 것입니다.

인생에 대한 하나님의 주권

이제 본문으로 다시 가서 13절을 보십시오.

> 이러므로 나의 매임이 그리스도 안에서 모든 시위대 안과 그 밖의 모든 사람에게 나타났으니.

'시위대'라는 특수한 부대 이름이 나옵니다. 이 시위대는 로마 황제를 호위하는 핵심적인 그룹을 말합니다. 독재자 황제가 자신의 권자를 영구히 보존하기 위해서 자기 주변에 사상적으로 검증된 최고의 엘리트 군인들을 뽑아 배치를 했습니다. 이 군인들은 단순히 총칼을 잘 쓰는 무인들로만 구성된 것이 아니라 사상적으로도 로마에서 최고의 엘리트 집단이었습니다.

그런데 황제가 죽으면 역작용이 발생하게 됩니다. 후에 역사가에 의해서 이 시위대는 '황제제조부대'로 평가되었는데, 이 시위대 안에서 황제가 추천되는 것입니다. 그만큼 이 시위대는 막강한 부대입니다. 이 똑똑한 엘리트 군인들에 의해서 황제가 추천되어 등극하는 부대로 자리매김을 하게 됩니다. 그리고 로마의 원로회도 이 시위대 안에서 자기들끼리 돌아가면서 했습니다.

그런데 바울이 그들에게 잡힌 것입니다. 이것은 로마 정부에서 바울의 죄목을 상당히 비중 있게 다루었음을 의미합니다. 그래서 바울은 중죄인으로 로마의 시위대 뜰 안에 갇혀 있습니다. 그런데 경비 규칙이 굉장히 우습습니다. 하루에 여섯 시간씩 네 명이 돌아가면서 교대로 경비를 합니다. 그러니까 하루에 특수한 군인들 열여섯 명이 서도 바울을 감시하는 것입니다. 그러니 바울은 그 시위대 안 감옥에서 24시간 내내 최고 엘리트 집단 시위대 군인들과 붙어 있는 것입니다.

그러면 감옥에서 바울이 이 군인들하고 하루 종일 무엇을 했을까요? 전도하기 좋아하는 바울이 그 똑똑한 군인들을 전도한 것입니다. 그래서 복음이 로마의 심장부에 꽂히게 됩니다. 바울이 여기서 하나님의 뜻을 깨닫는 것입니다. '내가 로마 황제 앞에 서는 것은 아무리 애를 쓴다 해도 불가능한 일이었는데, 하나님께서 나를 이렇게 중죄인을 만드셔서 로마의 심장부 엘리트 요원들에게 하나님의 복음을 전파하게 하시는구나!' 결국 바울은 황제 앞에서 하나님의 영광을 말하게 되는 자리에까지 서게 됩니다. 그래서 사도 바울은 "내가 당한 일이 도리어 복음 전파에 진전이 되었다."고 고백하는 것입니다.

이런 고백은 인생에 대한 하나님의 주권을 제대로 깨달아야만 나오는 고백입니다. 바울은 "내가 나쁜 짓을 한 것도 아니고 하나님 일하려고 한 것뿐인데 나를 이렇게 감옥에 넣으십니까, 하나님!" 하고 원망할 수도 있었습니다. 그러나 그는 감옥에서조차도 "주 안에서 항상 기뻐하라 내가 다시 말하노니 기뻐하라."(빌 4:4)고 권면할 수 있었습니다. 바울은 자신이 죄인 취급받고 불쌍히 여김을 받을 만한 상황에 처해도 하나님의 복음이 확장되는 일에 사용된다면 아무 상관없다고 생각했습니다. 그런데 우리는 어떻습니까? 내 자존심을 뭉개는 문제에 대해서는 예수 이름을 팔아서라도 용납하지 못합니다. 하나님의 이름을 들먹이면서도 내 자존심을 먼저 세우기에 바쁩니다. 바울이 환난을 통해 결과적으로 어떻게 되었는지 14절을 보십시오.

> 형제 중 다수가 나의 매임으로 말미암아 주 안에서 신뢰함으로 겁 없이 하나님의 말씀을 더욱 담대히 전하게 되었느니라.

그런데 15-18절에 흥미로운 얘기가 나옵니다.

> 어떤 이들은 투기와 분쟁으로, 어떤 이들은 착한 뜻으로 그리스도를 전파하나니 이들은 내가 복음을 변증하기 위하여 세우심을 받

은 줄 알고 사랑으로 하나 그들은 나의 매임에 괴로움을 더하게 할 줄로 생각하여 순수하지 못하게 다툼으로 그리스도를 전파하느니라 그러면 무엇이냐 겉치레로 하나 참으로 하나 무슨 방도로 하든지 전파되는 것은 그리스도니 이로써 나는 기뻐하고 또한 기뻐하리라.

바울이 감옥에 갇히니까 두 가지 반응이 나타났습니다. 어떤 이들은 "사도 바울이 복음을 위해 갇혀서 묶인 상태가 되었는데 우리가 가만히 있을 수 없다."며 전도에 열을 올렸습니다. 그런데 또 어떤 사람들은 그와 반대로 "우리가 뭐라고 했어? 그는 사도가 아니야. 이제는 우리가 하자."고 하면서 열심히 전도를 했습니다. 이 소식을 들은 바울은 어떻게 반응합니까? "아무려면 어떤가? 예수만 전해지면 되는 거지. 나를 미워서 하든 좋아서 하든 그런 건 아무 상관없다."

복음 전파에 있어서 이런 여유롭고 느넉한 믿음을 가져야 합니다. 그런데 우리는 자기 체면만 조금 구겨져도 참지 못하고 싸웁니다. 이 땅에 있다가 없어질 것 가지고 싸우지 마십시오. 영원한 것을 붙들고 절대 놓치지 마십시오. 그리고 이 땅에서 행복하게 살려면 내가 한 평생 하나님 앞에서 하다가 죽어도 좋을 것 같은 그 일을 발견하십시오. 그리스도인이라면 환경이나 조건과 상관없이 행복하다는 당당한 고백이 있어야 합니다.

감옥에 있으면서도 복음 때문에 기뻐하는 사도 바울처럼, 우리도 하나님과 복음 때문에 환경과 상황을 뛰어넘는 기쁨을 누리며 살아가는 진정한 그리스도인이 되기를 바랍니다.

chapter **5**

예수의

마음을

품은 자

어떤 이들은 투기와 분쟁으로, 어떤 이들은 착한 뜻으로 그리스도를 전파하나니 이들은 내가 복음을 변증하기 위하여 세우심을 받은 줄 알고 사랑으로 하나 그들은 나의 매임에 괴로움을 더하게 할 줄로 생각하여 순수하지 못하게 다툼으로 그리스도를 전파하느니라 그러면 무엇이냐 겉치레로 하나 참으로 하나 무슨 방도로 하든지 전파되는 것은 그리스도니 이로써 나는 기뻐하고 또한 기뻐하리라.

빌립보서 1장 15-18절

요즘 많은 교회들이 '초대교회로 돌아가자."라는 슬로건을 비전이나 목회철학으로 삼고 있습니다. 오늘날 이 혼탁한 시대에 성령께 붙잡혀 순수한 열정을 가진 공동체의 삶을 살았던 바로 그 교회의 모습으로 돌아가자고 하는 취지에서입니다. 좋은 현상입니다.

그런데 초대교회는 아무런 문제가 없었을까요? 그렇지 않습니다. 초대교회도 속내를 들여다보면 아나니아와 삽비라 사건과 같은 불행한 일도 있었습니다. 그리고 고린도교회 같은 경우에는 교회 안에서 음행하는 일도 있었습니다. 그 외에도 많은 문제와 사고들이 있었습니다. 특히, 고린도전후서를 통해서는 사도 바울이 엄격하게 질책하는 내용을 볼 수 있습니다.

그러므로 우리는 초대교회에 대해 제대로 이해할 필요가 있습니다. 초대교회라고 해서 문제가 없는 완전한 교회는 아니었습니다. 그러나 비록 행정적, 조직적으로 오늘날 교회들처럼 잘 갖춰지지 않았고 많은 문제들도 있었지만, 순수한 복음을 향한 열정과 성도 간에 그리스도 안에서의 진실된 사랑이 있었던 공동체였던 것은 분명한 사실입니다.

전투하는 교회

이 땅의 교회사를 보면 교회는 언제나 많은 문제들에 휩싸여 있었습니다. 그래서 조직신학에서는 지상교회를 가리켜 '전투하는 교회'라고 묘사하기도 합니다. 이 말에는 이 두 가지 의미가 있습니다.

한 가지 의미에서 지상교회는 어둠의 권세에 잡혀 있는 세상 속에서 잃어버린 영혼을 향하여 복음을 전하는 선교적 사명을 가졌다는 차원에서 전투하는 교회입니다. 또 다른 의미에서 지상교회는 불완전한 교회라는 뜻입니다. 큰 교회든, 작은 교회든 이 땅의 교회들은 모두 문제들을 가지고 있습니다. 교회에는 성향이 다른 다양한 사람들이 모여 있습니다. 여러 성향의 사람들이 어우러져 한 몸을 이루었기 때문에 불완전할 수밖에 없습니다. 부부가 만났다고 해서 진정한 가정이 되는 것이 아닌 것처럼 사람들이 모였다고 진정한 교회가 되는 것이 아닙니다. 가정과 교회의 공통적인 속성은 만들어져 가는 과정이 중요하다는 사실입니다.

빌립보 교회에도 예외 없이 문제들이 많이 있었습니다. 바울은 그 문제들에 대해 어떤 메시지를 주고 있는지 살펴보면서, 우리가 속한 교회의 문제를 지혜롭게 해결해 가기를 바랍니다.

본문 말씀에서 눈여겨볼 구절이 있는데 15절의 "어떤 이들은 투기와 분쟁으로"입니다. 예나 지금이나 복음을 전하는 사람들, 즉 교회 안에서도 질투가 있습니다. 당시 바울은 이중적으로 질투를 받고 있었습니다. 예루살렘 교회는 가장 먼저 태동한 초대교회였습니다. 맏형 같은 교회였지요. 그리고 이제 노년에 이른 바울이 이방인의 복음을 여는 햇불이 되어서 유럽을 다니며 전도하다가 우여곡절 끝에 로마에 입성하게 되었습니다.

그런데 그때는 이미 많은 유대인들이 로마에 먼저 들어가서 자신들의 회당을 세워 율법을 지키며 신앙생활을 하고 있었습니다. 로마의 이방인이 된 유대인들이 세운 로마 교회가 미미하게나마 있었던 것입니다. 그런데 바울이 그 로마 교회의 부흥에 불을 지폈습니다. 그가 냉철한 논리로 하나님에 대한 지식을 로마 사람들 가슴에 꽂기 시작한 것입니다. 그러자 로마 교회가 불일 듯 일어났습니다.

이 때 두 가지 경우에 대해 투기가 일어났습니다. 첫째, 로마 교회가 부흥하면서 예루살렘 교회가 가장 질투를 많이 했습니다. 예루살렘 교회는 제일 먼저 세워졌지만 뒤늦게 시작한 로마 교회에 부흥이 걷잡을 수 없이 일어난 것입니다. 바울이 로마에 들어가 설교를 하기 시작하는데 그것을 듣는 사람마다 역사가 일어나 그가 전하는 복음에 매료된 것입니다. 그러자 사람들이 구름떼처럼 바울에게 몰려들었습니다.

맏형 같은 예루살렘 교회는 그것을 보며 감사하고 축복하고 기뻐해야 마땅하지 않겠습니까? 그런데 앞에서 얘기한 것처럼 예루살렘 교회도 지상 교회이다 보니 그것을 질투하고 헛소문을 퍼뜨리고 다닌 사람들이 있었던 것입니다. 그래서 부흥의 불을 지핀 바울에 대해 사도가 아니라는 둥 가짜라는 둥 모함을 합니다. 이런 투기가 그때만 있었을까요? 오늘날 교회에도 있습니다.

가끔 젊은 후배 목회자들을 만나면 자신들이 부목사로서 당하는 어려움들에 대해 듣게 됩니다. 아무래도 담임목사보다는 젊은 부목사가 학교를 졸업한지도 얼마 되지 않았고 또 그들이 가진 문화적 이해도 신선하고 풍부합니다. 그래서 가끔 부목사가 설교를 할 때 은혜를 받은 성도들이 부목사에 몰려들어 소위 인기가 많아집니다. 담임목사가 성도들에 대해 아비의 마음을 갖고 있다면 이런 것을 볼 때 기뻐해야 할 일입니다. 내 자식들이 좋은 음식을 먹어서 얼굴이 환해지면 기뻐하는 부모처럼 말입니다. 그런데 그러지 못하고 부목사를 경쟁 대상으로 인식하여 질투하고 힘들게 하는 경우들이 종종 있습니다. 이것은 교회 안에서 우리가 경계해야 할 투기의 모습입니다.

그러면 바울에 대한 이러한 투기의 결과가 어떻게 나타났는지 보겠습니다. 디모데후서 16-17절을 보십시오.

> 원하건대 주께서 오네시보로의 집에 긍휼을 베푸시옵소서 그가 나를 자주 격려해 주고 내가 사슬에 매인 것을 부끄러워하지 아니하고 로마에 있을 때에 나를 부지런히 찾아와 만났음이라.

오네시보로는 사도 바울의 신실한 동역자입니다. 그런데 전도여행을 떠난 바울에게서 소식이 없으니까 바울을 찾아 나섭니다. 그래서 로마까지 온 것입니다. 그런데 로마 교회의 지도자들이 바울이 있는 장소를 가르쳐 주지 않는 것입니다. 할 수 없이 그는 혼자서 부지런히 바울을 찾아다니다가 결국 감옥에 있는 바울을 만나게 되었습니다. 로마 교회의 지도자들이 어떻게 하든지 바울과 그의 동역자들이 서로 동역하지 못하도록 막았던 것입니다. 당시 로마 교회의 아주 잘못된 행위였습니다. 사도행전 18장 2절을 한번 보십시오.

> 아굴라라 하는 본도에서 난 유대인 한 사람을 만나니 글라우디오
> 가 모든 유대인을 명하여 로마에서 떠나라 한 고로 그가 그 아내
> 브리스길라와 함께 c 달리야로부터 새로 온지라 바울이 그들에게
> 가매.

글라우디오는 로마의 황제였습니다. 그런데 그가 정치적인 세력을 이용해서 바울의 측근들을 다 쫓아낸 것입니다. 이 정도로 바울의 사역을 투기하여 그에게 어려움을 주었습니다. 오늘날에도 교회 간에 잘못된 투기와 경쟁 때문에 많은 교회들이 서로 어려움을 당하고 또 교회의 본질을 잃어버리고 있습니다.

우리 교회가 장로교든 감리교든, 또 장로교 안에서도 통합측이든 합동측이든 개혁측이든, 중요한 것은 우리는 그리스도 안에 하나의 교회라는 사실입니다. 이웃 교회가 부흥하면 기뻐해 주고 축복해 주고 서로 돕고 협력하면서 부흥을 위해 애써야 합니다. 전도 대상자를 놓고 서로 쟁탈전을 벌이지 마십시오. 꼭 우리 교회에 나오라고 전도하지 마십시오. 중요한 것은 사람들이 예수님을 믿게 되는 것이지 우리 교회에 나오는 것이 아닙니다. 본문말씀 18절을 보십시오.

> 그러면 무엇이냐 겉치레로 하나 참으로 하나 무슨 방도로 하든지
> 전파되는 것은 그리스도니 이로써 나는 기뻐하고 또한 기뻐하리라.

바울이 전하고 싶은 메시지는 이런 것입니다. "나 한 사람이 어떻게 되든지 그것은 중요하지 않다. 허영으로 하나 다툼으로 하나 복음이 전파될 수 있다면 내가 당하는 모욕이나 고난에도 불구하고 진정으로 기뻐할 수 있다." 이렇게 복음에 대한 분명한 목적의식이 있는 성도들

이 모인 영적 공동체가 참으로 주님이 기뻐하시는 교회입니다. 그러면 투기와 분쟁이 없는 아름다운 교회 공동체를 만들기 위해 우리는 어떤 태도를 가져야 하는지 생각해 보겠습니다.

아름다운 공동체를 위하여

첫째로, "나는 보잘 것 없는 존재"임을 늘 인식해야 합니다. "내가 뭔가를 할 수 있다", "나는 능력이 있다."라는 의식을 가지고 있으면 "내가 이런 사람인데 왜 날 이렇게 취급해?" 이런 말이 나옵니다. 절대로 영적인 질서에 순응할 수 없습니다. 예를 들어, 어두운 밤길을 가는데 자동차가 지나가다가 나에게 물을 튀기고 갔다고 합시다. 그때는 어둡기 때문에 내 옷이 얼마나 더러워졌는지 모릅니다. 그런데 가로등 불빛 아래서 보면 옷에 묻은 얼룩이 보입니다.

이처럼 우리 그리스도인들은 언제나 성령의 조명 아래서 영혼의 얼룩을 정확히 볼 수 있습니다. 그런데 성령의 조명을 받지 못하면 자신이 그럴싸한 존재, 자기 힘으로 무언가 할 수 있는 사람이라고 착각하게 됩니다. 교만이 마음속에 자리잡게 되는 것이지요. 히스기야 왕이 하나님께 기도를 해서 응답받는 데는 성공했지만 결국 교만한 마음을 다스리지 못해서 어려움을 겪지 않았습니까?

우리는 늘 성령의 불빛 밑에 자신을 두어야 합니다. 그럴 때 나는 정말 보잘것없는 존재이지만 하나님이 나를 택하시고 능력을 주셔서 하나님 나라의 일꾼으로 사용하신다는 것을 깨닫게 됩니다. 그러면 자연적으로 감사와 겸손이 따라오게 됩니다.

다음으로, 나보다 남을 낫게 여겨야 합니다. 인격이 덜 성숙한 사람일수록 다른 사람들의 단점과 약점을 찾아내고 그것만 집중적으로 봅니다. 그러나 성숙한 사람들의 공통점은 다른 사람의 장점을 볼 줄 알고 격려한다는 것입니다. "나보다 남을 낫게 여기라."는 말은 잘못된 것을 보고도 무조건 좋게 말하라는 것이 아니라, 그 사람 속에 하나님이 부어 주신 좋은 점을 볼 수 있는 눈과 이해력을 갖추라는 의미입니다. 이것이 아버지의 마음입니다. 세상 사람들이 다 내 자식에게 삿대질을 해도 부모는 자식의 좋은 점을 보고 사랑합니다.

성경은 우리에게 명령합니다. "너희 안에 이 마음을 품으라 곧 그리스도 예수의 마음이니"(빌 2:5). 이 말씀에 순종해서 우리가 그리스도 예수의 마음을 품기 위해 애쓴다면, 우리가 속한 가정이 변화할 것이고 교회가 능력과 영향력을 갖게 될 것이고, 이 사회가 변화하게 될 것입니다.

chapter 6

하나님을

끝까지

바라는 자

나의 간절한 기대와 소망을 따라 아무 일에든지 부끄러워하지 아니하고 지금도 전과 같이 온전히 담대하여 살든지 죽든지 내 몸에서 그리스도가 존귀하게 되게 하려 하나니 이는 내게 사는 것이 그리스도니 죽는 것도 유익함이라.
빌립보서 1장 20-21절

사도 바울이 복음을 들고 로마로 들어갑니다. 개인적인 사욕을 위해서도 아니고, 관광차 들어가는 것도 아닙니다. 하나님이 계획하시고 인도하셔서 그가 로마의 심장부로 복음을 들고 들어가게 되었습니다. 그런데 그런 바울을 기다리고 있는 것은 환영이 아니라 모진 고난이었습니다. 매 맞고 감옥에 갇히고 심지어 사형이라는 엄청난 고난이 그에게 다가왔습니다. 이처럼 우리 그리스도인들은 살아가면서 놀라운 하나님의 능력에 붙잡혀서 일하다가도 원치 않는 고통과 아픔의 결과를 만날 때가 있습니다.

청춘도 버리고 가족도 희생시켜 가면서 오지에 나가서 오직 복음을 위해서 살아가는 선교사님들이 있습니다. 우리의 상식에서 볼 때는 하나님이 누구보다 그들에게 건강과 복을 주셔서 복음을 더 잘 전할 수 있게 해주셔야 할 것 같습니다. 그런데 그런 분들이 암에 걸려 돌아오기도 하고 풍토병에 걸려 목숨을 잃는 일도 있습니다. 그래서 그런 일을 겪은 선교사들이 좌절하고 낙담하게 되는 일들이 종종 있습니다. 사도 바울이 바로 그런 경우를 당하게 된 것입니다 그런데 그런 상황에 처한 그가 빌립보서를 통해 전하고자 한 메시지가 무엇일까요?

하나님을 바라는 자에게 낙심은 없다

어떤 장애물이나 고난의 웅덩이가 인생길을 가로막는다 할지라도 하나님의 목적은 결코 꺾이지 않습니다. 하나님의 목적은 결코 취소되지도 변경되지도 않습니다. 빌립보서 1장 20절 앞부분을 보십시오.

> 나의 간절한 기대와 소망을 따라 아무 일에든지 부끄러워하지 아니하고.

이 말씀을 이해하려면 '부끄러워하다'라는 단어의 성경적 의미를 먼저 알아야 합니다. 바울은 성경의 여러 군데에서 '부끄러워하다'라는 단어를 썼습니다. 이러한 개념과 같은 의미에서 가장 잘 설명한 내용이 이사야서 49장 23절에 나옵니다.

> 왕들은 네 양부가 되며 왕비들은 네 유모가 될 것이며 그들이 얼굴을 땅에 대고 네게 절하고 네 발의 티끌을 핥을 것이니 네가 나를 여호와인 줄을 알리라 나를 바라는 자는 수치를 당하지 아니하리라.

"나를 바라는 자는 수치를 당하지 아니하리라."는 구절을 좀 더 쉽게 해석하면, "하나님을 신뢰하는 자는 결코 낙심하는 일이 없을 것이다."라는 약속입니다. 이것이 빌립보서 원문에 더 가까운 해석입니다. 바울은 "너희가 피곤하여 낙심하지 않기 위하여"(히 12:3)라고 말하며 '낙심'이라는 단어를 썼습니다.

이 '낙심'이라는 단어는 어디서 유래했는지 살펴보겠습니다. 고대 사회에서는 귀족들이 노예들을 둥근 원형 경기장에 집어넣어 놓고 아주 처절한 싸움을 시키곤 했습니다. 그래서 죽거나 만신창이가 되어 피를 철철 흘리는 참혹한 현장을 보면서 술을 마시고 쾌감을 느끼며 낄낄거리고 웃는 장면들을 으리는 영화를 통해 볼 수 있습니다. 사실은 더 참혹했을 것입니다.

그뿐 아니라 당시에는 아주 잔혹한 격투기 경기도 있었습니다. 오늘날 권투경기와 비슷한 경기입니다. 권투에서는 제일 중요한 것이 가드라는 것입니다. 경기할 때는 반드시 이 가드를 올려야 합니다. 그리고 겨드랑이를 붙이고 얼굴을 보호해야 합니다. 얼굴을 잘못 맞으면 정신을 잃을 수도 있기 때문입니다. 그래서 항상 가드를 올려서 얼굴과 턱을 보호하도록 합니다.

그런데 경기가 1회전, 2회전을 지나 계속될수록 선수들은 점점 지치게 됩니다. 그러면 가드가 자기도 모르게 내려옵니다. 그렇기 때문에 어떤 상황 속에서든지 선수들은 이 가드가 내려오지 않도록 연습을 합니다. 그런데도 불구하고 경기가 오래 가면 이것이 내려오게 됩니다. 그러면 가장 위험한 얼굴 부위가 노출되고 상대방에게 가격당하기가 쉽습니다. 그 결과는 패배하여 상대 선수 앞에 무릎을 꿇게 되는 것입니다.

그래서 "낙심하지 않기 위하여"라는 말은 이 가드가 내려오지 않게 한다는 뜻입니다. 바울이 빌립보서 1장 20절에서 전하는 메시지는 하나님을 끝까지 바라보는 자는 결코 낙심하는 일이 없으리라는 것입니다. 그 말은 곧 믿음의 방패를 들어 올리라는 것입니다.

로마 군인들은 전쟁을 할 때 항상 방패를 썼습니다. 방패는 두 가지가 있었습니다. 땅을 짚고 몸 전체를 막는 몸방패와 팔에 끼고 전투를 벌이는 손방패입니다. 방패를 든 손이 내려가면 적에게 노출이 되기 때문에 상처를 입을 수가 있습니다. 그래서 이 방패는 군인이 어떤 경우에서든 내려서는 안 됩니다. 방패를 든 손이 내려가는 것, 그것이 피곤해지는 것이고 낙심하는 것이며, 끝까지 주를 주목하지 못하여 패배하는 것입니다. 하나님을 끝까지 주목하는 자는 결단코 낙심하는 일이 없으리라고 말하는 것입니다.

그러면 하나님은 우리를 결단코 실망시키거나 낙심케 하시는 일이 없다고 한 바울의 말의 의미를 좀 더 구체적으로 살펴보겠습니다. 로마서 1장 16절을 보십시오.

> 내가 복음을 부끄러워하지 아니하노니 이 복음은 모든 믿는 자에게 구원을 주시는 하나님의 능력이 됨이라.

하나님은 하나님을 끝까지 주목하고 바라보는 자에게는 이사야서 49장 23절의 약속처럼 결단코 수치를 당치 않게 하십시다. 그들의 인생의 마지막 날, 모든 것이 만천하에 나타나고 카운트되는 날에 낙심하는 일이 없게 하실 것입니다. 그런데 하나님이 무엇을 근거로 바울의 편지를 통해 우리에게 이런 약속을 하신 것일까요? 바울이 그 근거를 이렇게 소개하고 있습니다. "복음은 능력이 되기 때문이다." 복음은 능력이 되기 때문에 결코 낙심하는 일이 없으리라는 것입니다. 이것이 오늘을 살아가는 우리의 가슴 속에 믿어지고 고백되어야 합니다.

만약 우리가 바울이 직면한 것과 같은 위기나 환란을 만나서 어려움 속에 놓여 있다고 가정해 봅시다. 내일 부도가 날지, 내가 병으로 오늘 죽을지 내일 죽을지 모르는 그런 인생의 환난 가운데 있다고 한다면, 우리도 바울처럼 복음이 능력이기 때문에 하나님은 우리를 결단코 낙심시키시는 일이 없을 것이라고 확신을 가지고 고백할 수 있을까요? 여러 가지로 볼 때 아무런 희망이 없는 상황 속에서도 바울에게 왜 복음이 능력이 되었을까요? 그리고 그렇게 바울에게 능력이 되었던 이 복음이 오늘 우리의 절망적인 상황 속에서도 여전히 능력이 된다고 확신할 수 있을까요?

복음은 삶에 능력으로 나타난다

바울은 복음의 능력이 첫째는 유대인에게, 그리고 둘째는 헬라인에게 나타났다고 말합니다. 당시에 유대인은 종교적 전통과 훈련을 갖추고 있었습니다. 그들 나름대로 오랫동안 세월을 거쳐서 쌓아온 습관적인 종교 형태와 전통과 교육 제도를 갖고 있었던 것입니다. 그래서 예수 그리스도께서 그들에게 모든 종교적 전통과 율법의 완성이 자신이라고 밝히셨을 때 그들은 믿지 못했습니다. 그것을 받아들이기에는 그들이 스스로 만들어 놓은 종교적 내용들이 너무나 견고했기 때문입니다.

그리고 그 당시 헬라인들은 고린도 지방을 중심으로 해서 지혜를 숭상하고 사랑하는 사람들이었기 때문에 그 시대에 대철학자들이 많이 나왔습니다. 플라톤, 아리스토텔레스, 호모 이런 사람들이 예수님 시대 이전의 대사상가와 철학자로서 헬라인들의 자존심이었습니다. 그런데 이들이 만들어낸 철학 사상은 어떤 것입니까?

첫째는 코스모스, 즉 우주에는 신의 영역이 있는데 유한한 인간이라는 존재는 절대로 그 영역에 범접할 수 없다는 것입니다. 로고스 사상이 사실은 여기서 나옵니다. 그렇기 때문에 인간은 인간의 한계를 알고 인간다운 삶을 고상하게 살아야 한다. 범접할 수 없는 신의 영역을 우리가 함부로 넘보려 해서는 안 된다. 신의 영역이 있고 인간의 유한한 세계가 따로 있다. 그래서 이 구분을 분명히 했습니다. 이것이 플라톤이나 아리스토텔레스나 호모 같은 철학자들이 만들어낸 사상의 간단한 결론입니다.

이런 사람들에게 예수의 십자가를 말한다는 것은 바울의 고백처럼 미련한 일이었습니다. 예수의 십자가는 지혜를 사랑하고 지혜를 숭상하는 헬라 사람들에게는 미련한 것이었습니다. 그들은 복음을 받아들일 수가 없었습니다. 그래서 여기서 영지주의가 나옵니다.

영지주의 이론을 간단히 얘기하면, 우리가 아무리 노력을 해도 우리는 신의 영역에 이를 수가 없고, 이것은 본질상 악하기 때문에 육을 육신답게 처리하는 것은 육이 원하는 대로 대접해 주는 것입니다. 그것은 죄입니다. 영지주의는 영적인 영역과 육적인 영역을 따로 구분하는 이분법적인 구조를 갖고 있었습니다. 그런 영지주의자들에게 범접할 수 없는 하나님의 세계에 인간이 갈 수 있는 유일한 길은 예수 그리스도의 십자가 외에는 없다고 주장하는 것은 미련해 보이는 일이었습니다.

둘째로, 로마인들은 힘을 숭배하던 사람들이었습니다. 로마는 당시 팽창주의를 내세워 세계를 향해 영토를 넓혀 가고 있었습니다. 그래서 그들은 철저하게 힘을 숭상했습니다. 그리고 힘이 정의이자 진리였습니다. 그래서 로마 사람들의 눈에 비친 십자가는 너무나 무기력한 것이었습니다.

그런 로마 사람들에게 바울은 복음이 우리를 구원하시는 하나님의 능력임을 말하고 싶었습니다. 바울은 '능력'이라는 의미를 가진 단어를 세 가지로 썼습니다. 하나는 '엑수시아'라는 단어입니다. 이것은 요한복음 1장 12절의 "영접하는 자 곧 그 이름을 믿는 자들에게는 하나님의 자녀가 되는 권세를 주셨으니"에서 '권세'라는 단어입니다.

그리고 능력을 뜻하는 또 다른 '크라토스'입니다. 이것은 질서나 힘에서 나오는 능력을 말합니다. 규칙이나 질서가 돌아감으로써 나타나는 능력, 이 '크라토스'라는 말도 로마 사람들이 아주 즐겨 사용했던 헬라어입니다.

로마 군대는 세계를 제패할 수 있었던 탁월한 전략을 가지고 있었습니다. 그들은 군인들을 세 가지로 나누어 배치합니다. 우리나라의 예비군에 해당하는 사람들을 맨 앞에 배치합니다. 그 다음에는 일반 군인들을 배치합니다. 그리고 맨 끝에는 로마 군대의 최정예 부대를 배치합니다.

그래서 적과 전투가 벌어졌을 때 맨 앞에 있는 군인들이 일차로 붙습니다. 그러면 여기서 엄청난 상해가 일어나고 승패가 갈라질 즈음에 일사분란하게 병사들을 교대해 줍니다. 그리고 이 부대가 무너질 즈음, 적들도 힘이 빠지고 그로기 상태가 됐을 때 마지막에 섰던 최정예 부대가 굉장한 질서 안에서 순식간에 교대해 줍니다. 이 세 군대가 교대하는 과정에서 무서운 기세로 로마가 적을 완벽하게 제압할 수가 있는 것입니다.

그런데 이 전략은 엄청난 훈련을 통해서 이루어집니다. 병사들의 교대가 잘 안 되면 여기에서 큰 혼란이 일어납니다. 로마 군대는 다른 나라 군대들과 달리, 일선 군대와 이선 군대가 교대할 때 아주 질서 있게 합니다. 이것을 어느 나라의 군대도 당할 수가 없었던 것입니다. 이 규칙과 질서에서 나오는 단어가 바로 '크라토스'입니다.

그리고 능력을 뜻하는 나머지 한 가지 단어는 '뒤나미스'인데, 이 단어에서 '다이나마이트'가 유래했습니다. '뒤나미스'라는 말은 성령의 권능을 말할 때도 사용했던 단어입니다. 이 말은 메가톤급의 폭발물이 한꺼번에 터질 때의 위력을 상징합니다. 힘을 숭배하는 로마인에게 복음의 위대함과 영광과 권능을 잘 어필할 수 있는 적절한 단어였습니다. 이것은 '크라토스'나 '엑수시아'라는 단어보다 더 위력 있고 적절한 것이었습니다.

"복음은 '뒤나미스'이다. 하나님의 능력이다." 오늘날 이러한 확신과 고백이 사라지고 있습니다. 우리 삶 속에 절망과 좌절이 밀려올 때도 과연 우리는 "복음은 하나님의 능력이다."라고 고백할 수 있을지 정직하게 돌아보아야겠습니다.

영원히 안전한 은행

사도 바울은 환란과 곤경 속에서도 하나님을 끝까지 소망하는 자를 하나님은 절대 낙심시키지 않으신다고 말했습니다. 그 이유로서 첫 번째는 복음의 능력이라고 했습니다. 디모데후서 1장 12절을 보십시오.

> 이로 말미암아 내가 또 이 고난을 받되 부끄러워하지 아니함은 내가 믿는 자를 내가 알고 또한 내가 의탁한 것을 그 날까지 그가 능히 지키실 줄을 확신함이라.

이 구절에 중요한 얘기가 나옵니다. 하나님께서 하나님을 소망하고 하나님을 바라보는 자를 결단코 실망시키지 않고 낙심시키지 않으신다는 것입니다. 왜냐하면 복음은 능력이기 때문입니다. 그런데 이 복음이란 무엇일까요? 복음의 능력은 아는데 복음의 내용을 모르면 안 됩니다. 고린도전서 15장 3-4절을 보십시오.

> 내가 받은 것을 먼저 너희에게 전하였노니 이는 성경대로 그리스도께서 우리 죄를 위하여 죽으시고 장사 지낸 바 되셨다가 성경대로 사흘 만에 다시 살아나사.

여기서 '내가'는 사도 바울입니다. 그러면 바울이 받은 것은 무엇일까요? 그것은 바로 복음입니다. 하나님께서 바울에게 맡기신 것은 하나밖에 없습니다. 바울은 그 복음을 "먼저 너희에게 전하였노니"라고 말합니다. 그리고 이어 복음에 대한 정의가 나옵니다. "성경대로 그리스도께서 우리 죄를 위하여 죽으시고 장사 지낸 바 되었다가 성경대로 사흘 만에 다시 살아나사."

복음은 어렵고 복잡한 설명이 필요없습니다. 온 인류의 어두웠던 역사 속에 이보다 기쁜 소식이 없었습니다. 바로 이 복음이 능력입니다. 예수 그리스도께서 사망 권세를 깨치고 다시 사시니 어떤 절망과 위기와 아픔 속에서도 우리가 끝까지 주를 믿고 따를 수 있는 능력인 것입니다.

하나님께서 하나님을 바라보고 소망하는 자를 끝까지 낙심시키지 않으시는 두 번째 이유는 우리가 하나님께 의뢰한 것을 끝까지 지켜 주실 수 있는 유일한 분이기 때문입니다. 주식 투자를 한번 생각해 보십시오. 주식을 투자하다 보면 A라는 회사 주식이 소위 잘 나가서 퇴직금 다 털어서 그 회사 주식을 샀다고 합시다. 그런데 다음날 신문에 보니까 그 회사의 CEO가 스캔들이 나고 해외로 돈을 빼돌렸다는 등 안 좋은 소식이 폭로되니까 그 잘나가던 주가가 10분의 1로 떨어지더니 시간이 흐를수록 점점 더 떨어지는 것입니다. 나중에는 액면가가 제로가 되었습니다. 그래서 깡통계좌가 되어 버린 것입니다. 세상에서 그래도 공신력 있다고 하는 곳에 투자한 것이 그렇습니다.

그 전까지는 금융업계에 종사자들도 은행이 망한다는 것을 상상조차 하지 못했습니다. 그런데 M&A(인수합병) 바람을 통해서 은행이 통폐합되고, 외국회사에 팔리거나 급기야 문을 닫기도 하면서 거품이 빠지기 시작했습니다. 힘들게 벌어서 저축한 돈도 못 찾는 사태도 벌어졌었습니다. 은행만은 우리 재산을 안전하게 지켜 주겠지 하던 믿음을 잃어버렸습니다.

그런데 하나님 나라의 주식회사는 최고 수입이 좋은 곳입니다. 우리가 상상하는 것과는 비교가 안 될 정도로 놀라운 배당금이 주어집니다. 세상 회사들은 배당금도 주지 않으려고 투자자들을 속이기도 합니다. 그런데 하나님은 나는 조금 심고, 조금 수고했는데 엄청난 것으로 돌려주시려고 준비해 놓으셨습니다. 사도 바울이 여기서 고백하는 것이 이런 것입니다. 지금 내가 이 땅에서 손해 보는 것 같지만 그 나라와 그 시간이 되면 우리는 하나님께서 받아 놓으신 우리의 수고와 눈물과 한숨을 엄청난 배당금으로 돌려주실 준비를 만반에 갖추셨는지를 보게 될 것이라는 것입니다. 그 약속의 말씀을 우리에게 하고 있습니다. 이런 개념을 가지고 디모데후서 1장 12절을 다시 보십시오.

> 또한 내가 의탁한 것을 그 날까지 그가 능히 지키실 줄을 확신함이라.

지키시는 정도가 아닙니다. 우리에게 일일이 갚아 주십니다. 주의 이름으로 하는 모든 것은 다 지키시고 갚아 주십니다. 세상은 떼 먹고 챙겨서 달아나지만 하나님 나라는 결코 그런 법이 없습니다. 가장 안전합니다. 한국은행은 못 믿을지라도 하늘나라 은행은 믿을 수 있는 것입니다. 우리가 하늘나라를 위해 일하고 투자하는 것은 수십 수천 배가 되어 우리에게 돌아오게 됩니다.

산제사가 되는 삶

이제 마지막으로 이 장의 본문 말씀을 다시 보겠습니다. 빌립보서 1장 20절 후반부에 아주 중요한 얘기가 나옵니다. "내 몸에서 그리스도가 존귀하게 되게 하려 하나니"라는 말씀입니다. 그런데 이 구절 앞에 '살든지 죽든지'라는 말이 있습니다.

우리 그리스도인들 중에 중요한 것을 착각하거나 헷갈려 하는 사람들이 있습니다. 회사에 나가서 직장일 하는 것은 세상 일이고, 교회 가서 안내하거나 헌금을 계수하거나 청소하는 것은 하나님 일이라고 생각하는 사람들입니다. 이것은 말도 안 되는 이분법적 사고방식입니다. 바울이 극단적인 단어를 사용해서 "살든지 죽든지"라고 한 이유는 삶의 모든 것이 전부 하나님의 일이라는 것을 말하고자 한 것입니다.

다윗의 예를 보겠습니다. 원래 다윗은 어린 시절에 목동이었고 청년 시절에는 사울의 부하로서 군인으로 지내다가 사울의 뒤를 이어 이스라엘의 왕이 되었습니다. 그런 그가 쓴 백오십 편에 가까운 시가 오늘날 우리에게 성경 말씀이 되어 읽혀지고 있습니다. 그 시들은 전부 하나님을 찬양하고 높이는 글들입니다. 그리고 그분의 은혜와 긍휼에 감격하며 고백하는 글입니다.

그가 시인이어서 쓴 시들이 아니라는 얘기입니다. 목동으로서, 군인으로서, 왕으로서, 그리고 더 나아가서는 하나님 앞에 한 성도로서 그는 인간 내면 깊은 곳에서 정제된 언어로 아름다운 시들을 썼습니다. 그가 시를 쓰겠다고 작정하여 쓴 시들이 아니라 주를 위해서 살았던 그의 삶 전체를 통해 나온 일상의 고백이라는 것입니다.

그런데 우리에게는 이상한 이분법적 사고가 있습니다. 학생이라면 공부를 열심히 하는 것이 하나님의 일입니다. 직장인이라면 직장 생활을 열심히 하는 것, 가정주부라면 가사를 열심히 돌보는 것이 하나님의 종으로서의 할 일입니다. 사도 바울이 "내 몸에서"라고 한 이유가 무엇일까요? 로마서 12장 1절에서도 "너희 몸을 하나님이 기뻐하시는 거룩한 산 제물로 드리라."고 말했습니다. 바울이 '우리의 생각' 또는 '우리의 의지' 또는 '우리의 계획'이라고 말하지 않고 '몸'이라고 말한

데는 함축된 의미가 있습니다.

　우리의 진정한 산제사는 생각에 머물고 뜻에 머물고 계획에 머무는 것이 아니라는 것입니다. 그것을 육화해야 합니다. 내 몸으로 나타나서 수고하고 땀을 흘리는 것이 산제사라는 의미입니다. 그런데 우리 그리스도인들은 종종 생각에 머물러 있고, 계획에 머물러 있고, 뜻에 머물러 있습니다. "바보들은 언제나 결심만 한다."는 말도 있지 않습니까?

　신앙생활은 결심의 삶이 아닙니다. 기가 막힌 진리를 깨닫는 것이 신앙의 수준이 아닙니다. 우리의 삶에 나타나야 하는 것입니다. 눈으로, 입으로, 손으로, 발로 나타날 때, 사도 바울이 바란 것처럼 그리스도가 존귀케 되는 것입니다. 생각이 몸으로 표현되기까지 얼마나 많은 넘어짐과 일어섬이 반복되는지 우리는 압니다. 그러나 그것이 바로 하나님이 기뻐하시는 산제사입니다.

　우리는 지금 어디까지 와 있습니까? 생각에 머물렀습니까? 아직도 계획 중에 있습니까? 아직도 의지에만 발동을 걸고 있습니까? 이제는 그 자리에서 머물지 말고 우리 몸을 통해서 하나님을 위해, 이웃을 위해 땀을 흘려야 합니다. 그렇게 우리의 믿음이 삶으로 나타나는 순종의 자리가 바로 거룩한 산제사의 자리입니다.

chapter 7

죽음 이후에 대한

소망이

있는 자

이는 내게 사는 것이 그리스도니 죽는 것도 유익함이라 그러나 만일 육신으로 사는 이것이 내 일의 열매일진대 무엇을 택해야 할는지 나는 알지 못하노라 내가 그 둘 사이에 끼었으니 차라리 세상을 떠나서 그리스도와 함께 있는 것이 훨씬 더 좋은 일이라 그렇게 하고 싶으나 내가 육신으로 있는 것이 너희를 위하여 더 유익하리라 내가 살 것과 너희 믿음의 진보와 기쁨을 위하여 너희 무리와 함께 거할 이것을 확실히 아노니 내가 다시 너희와 같이 있음으로 그리스도 예수 안에서 너희 자랑이 나로 말미암아 풍성하게 하려 함이라.
빌립보서 1장 21-26절

사도 바울은 이렇게 고백합니다. "이는 내게 사는 것이 그리스도니 죽는 것도 유익함이라"(빌 1:21). "나의 죽음도 유익하다."라는 고백은 예수로 사는 사람만 할 수 있는 고백입니다. 그러나 그렇지 않은 사람에게는 결코 죽음이 유익이 되지 않습니다. 영원한 멸망이기 때문입니다.

그리스도인에게 죽음은 유익한 것

그러면 우리 그리스도인에게는 죽음이 왜 유익할까요? 러셀로웰이라는 사람은 죽음에 대해 이렇게 정의했습니다. "죽음은 우리의 긴 여행이 끝날 때 우리를 마중하는 가족과 같은 것이다." 또 어떤 사람은 이렇게 말했습니다. "죽음은 무서운 비의 정적이요 음울한 공포요 어린아이들로 치자면 피하고 싶은 어두움 같은 것일 것이다." 전자는 그리스도 안에서 죽음을 소망하는 자의 고백이지만 후자는 예수를 믿지 않는 사람이 죽음에 대해 가진 막연한 두려움이 내포된 고백입니다.

성경은 우리에게 죽음을 어떻게 소개하고 있을까요? 한 부분만 찾아보겠습니다. 히브리서 2장 14-15절을 보십시오.

> 자녀들은 혈과 육에 속하였으매 그도 또한 같은 모양으로 혈과 육을 함께 지니심은 죽음을 통하여 죽음의 세력을 잡은 자 곧 마귀를 멸하시며 또 죽기를 무서워하므로 한평생 매여 종 노릇 하는 모든 자들을 놓아 주려 하심이니.

이 말씀은 그리스도의 죽음의 이유를 설명하고 있는데 죽음에 대한 세상 사람들의 두려움도 언급하고 있습니다. "또 죽기를 무서워하므로 한평생 매여 종 노릇 하는 모든 자", 이것이 죽음에 대한 세상 사람들의 관점입니다. 이것을 위하여 그리스도께서 이 땅에 오셔서 우리를 위해 죽으셨다고 성경은 말합니다. 그러면 빌립보서 1장 21-26절에서 바울이 말하는 죽음이 우리에게 주는 유익 세 가지를 살펴보겠습니다. 먼저 빌립보서 1장 23절을 보십시오.

> 내가 그 둘 사이에 끼었으니 차라리 세상을 떠나서 그리스도와 함께 있는 것이 훨씬 더 좋은 일이라 그렇게 하고 싶으나.

"좋은 일이라."는 말을 눈여겨보십시오. 그러니까 사도 바울은 좋은 것 두 가지 갈등 사이에 끼어 있는데 그중 한 가지는 그리스도와 함께 있는 것이라고 말합니다. 이것은 쉽게 말하면 이런 의미입니다. "나는 거짓과 위선과 교만으로 가득한 이 땅에 살면서 내 죄로 인해 갈등하고 좌절하고 고난과 환란을 겪는 이 고단한 인생을 끝내고 싶은 것이 솔직한 심정이다. 그리고 내가 붙잡고 있는 분명한 소망이신 예수님과 함께 영원한 나라에 거하고 싶다." 그리고 그 일이 더 좋다고 고백합니다. 그러나 24절을 보십시오.

> 내가 육신으로 있는 것이 너희를 위하여 더 유익하리라.

말씀을 유심히 보면 바울이 두 가지 표현을 씁니다. 좋은 것과 유익한 것입니다. 자신이 그 둘 사이에 끼어 있다는 말입니다. 지금 바울은 로마의 감옥에서 너무나 고통스러운 상황 가운데 있습니다. 로마 교회 지도자들이 바울을 죄인으로 매도하여 그는 오해 받고 있습니다. 게다가 바울은 만신창이가 되어서 언제 목숨이 바람에 꺼지는 촛불처럼 꺼질지 모르는 처지에 있습니다. 그러니 그가 이제 그만 하나님 나라로 가고 싶은 심정이 얼마나 간절했겠습니까. 그런데 바울은 '내가 떠나는 것이 사실은 좋다. 나는 그리스도와 함께 있고 싶은 마음이 크다. 그러나 내가 이 땅에 살아 있는 것이 너희에게는 더 유익할 것이다."라고 고백합니다.

이러한 바울의 선택과 결단을 잘 보아야 합니다. 사람들은 보통 유익한 쪽보다는 좋은 쪽을 택합니다. 옳은 길보다는 편한 길을 택합니다. 그렇다고 좋은 것이 나쁘다는 말은 아닙니다. 좋은 쪽을 먼저 택하는 것이 틀렸다는 의미가 아닙니다. 그리스도인들에게는 주어진 사명이 있기 때문에 유익한 쪽을 먼저 생각해야 한다는 것입니다. 그래서 바울은 속마음은 이 땅에서 전도사로서 순례의 길을 마치고 그리스도와 함께 있고 싶은 욕망이 무척 간절하지만, 아직도 연약한 교회와 함께 남아서 더 많은 고통을 감내하면서 그들을 위로하고 격려하고 도전을 주어야 하기 때문에 더 유익한 쪽을 택한 것입니다.

죽음의 유익1 - 악으로부터 자유롭게 된다

바울은 왜 죽는 것이 더 좋다고 했을까요? 첫째

이유는 악으로부터 자유로워지기 때문입니다. 죽으면 모든 악한 것들로부터 자유로워지기 때문에 더 좋다는 것입니다. 그래서 사도 바울이 죽음을 '떠나서'(23절)라고 묘사합니다. 이 말은 헬라어로 '아나로우'인데 디모데후서에서는 '아나로세우스'라는 파생어로 표현되어 있습니다. '아나로우'는 바울이 죽음을 언급할 때 항상 썼던 중요한 단어입니다.

'아나로우'라는 말은 군사 작전에서 쓰던 용어입니다. 로마 군인들은 행군을 할 때 항상 정사각형 텐트를 쳤습니다. 그래서 하루 종일 아무리 긴긴 행군을 했더라도 저녁이 되면 반드시 미리 준비해 놓은 장막, 즉 텐트에 누워 쉬었습니다. 그것은 임시 장막입니다. 임시 장막은 기둥을 많이 세운다고 튼튼한 것이 아니라 텐트가 팽팽히 유지되어야 튼튼합니다. 텐트를 팽팽히 유지시키기 위해서는 모서리에 줄을 매달아서 양쪽으로 잡아당깁니다. 그리고 땅에다가 팩을 박아서 거기에 걸어 맵니다. 그곳에서 그들은 며칠 동안 임시 생활을 합니다. 이 임시 생활이 얼마나 불편하겠습니까? 샤워도 제대로 못하고 두 다리 뻗고 편하게 자기도 어렵습니다.

우리가 이 땅에 사는 것도 이와 같습니다. 이 땅에서 삶은 결코 만족스럽고 평안한 삶이 아닙니다. 이곳은 우리가 영원이 거할 도성이 아니라 임시 처소일 뿐이기 때문입니다.

바울은 이 단어를 또 다른 의미로 사용합니다. 어느 날 아침, 부대의 나팔 소리와 함께 부대장이 전 병사들을 집합시키고는 이런 말을 합니다. "오늘 아침 공 일곱 시 부로 우리의 모든 행군과 작전은 끝났습니다. 이제 제군들은 휴가를 받아서 집 또는 본 부대로 귀대하게 될 것입니다." 그러면 군인들이 너무나 좋아합니다. '아. 이제 지긋지긋한 작전이 드디어 끝났구나.' 그런데 그들이 떠나기 위해서는 반드시 해야 될 것이 있습니다. 자기들이 임시로 머물렀던 장막을 걷는 일입니다. 장막을 걷는 일도 아무렇게나 하는 것이 아니라 요령과 절차가 있습니다.

텐트를 팽팽하게 하기 위해 양쪽으로 당겨 묶어 놓은 줄을 풉니다. 여기서 그 줄을 푼다는 것을 뜻하는 단어가 '아나로우', '아나로세우스'입니다. 바울은 자신의 죽음을 텐트에 팽팽히 유지시켜서 묶어 두었던 '줄을 풀다'라는 의미와 동일하게 사용한 것입니다. 그래서 줄을 풀고 떠나는 것, 이 말은 곧 '집으로 돌아간다'는 의미가 내포되어 있습니다.

바울은 자기에게 다가오고 있는 죽음을 소멸과 끝으로 이해하지 않았습니다. 그는 '줄을 풀다'라는 단어를 사용하여 '집으로 돌아간다'는 의미로 말한 것입니다. 무디가 죽기 전에 사랑하는 교우들에게 남긴 유명한 말이 있습니다. "보라! 땅은 물로 가고 내 눈 앞에 하늘이 열리는구나." 훌륭한 신앙 선배들은 죽음을 맞이할 때 불안해하거나 모든 것이 끝난 것처럼 하지 않고 집으로 돌아가는 것처럼 기쁘고 평안하게 맞이했음을 볼 수 있습니다.

로마인들이 '아나로우'라는 단어를 사용한 또 다른 경우가 있습니다. 배 한 척이 망망대해에 떠다니다가 갑자기 기름이 떨어졌다고 합시다. 배는 가까운 항구에 기착하게 됩니다. 그리고 선원들이 배가 휩쓸려 가지 않도록 닻을 내리고 육지에 줄을 던져 쇠기둥에다가 묶고 배를 견고하게 고정시켜 놓습니다. 그런 후에 배에 기름을 채웁니다. 고단했던 몸도 쉬고 고향에서 기다리고 있는 가족들에게 줄 선물도 삽니다.

이제 배는 항구를 떠날 때가 됐습니다. 그러면 제일 먼저 하는 일이 쇠기둥에 꽁꽁 묶어 놓았던 줄을 푸는 것입니다. 줄을 푸는 것, 이때 바울이 죽음을 말하면서 사용했던 '아나로우', '아나로세우스'라는 단어가 사용됩니다. 그러므로 이 단어에는 '아버지의 집으로 돌아간다'는 개념이 내포되어 있습니다.

죽음에 대한 두 번째 개념은 '잔다'입니다. 바울은 스데반의 죽음을 잔다고 말했습니다. 예수님도 죽은 나사로를 향해 잠들었다고 표현하셨습니다. 이 상징적 번역 때문에 많은 그리스도인들이 죽음에 대해 오해하는 경우가 있습니다.

한 성도가 오늘 죽었다고 합시다. 그러면 그 성도에게는 앞으로 예수님이 다시 오실 때 부활하는 순간이 남아 있습니다. 그러면 그 사이에는 어떤 상태에 있는 것일까요? 한글 성경은 아무 의식 없이 잠자고 있는 것으로 번역되어 있습니다. 그러나 이것은 번역에 오류가 있는 것입니다. '잠잔다'는 표현은 성도가 죽으면 주님이 우리를 부활하게 하실 때까지 그냥 잠들어 있는 상태를 말하는 것이 아닙니다.

헬라어 원문을 보면 죽음을 '평화로운 자유에 동참하게 되는 상태'로 표현합니다. 이것도 저것도 아닌 무의식 상태가 아니라 죄 많고 고단한 육체를 떠나서 완전히 평화로운 상태의 자유로움에 동참하는 상태입니다. 죽음과 함께 모든 악이 우리에게서 떠납니다. 그때는 우리가 범죄하지 않고, 모든 사람을 하나님 아버지의 마음으로 사랑할 수 있게 됩니다.

그러나 이 땅에서 범죄한 아담의 유전자를 갖고 살아가는 동안에는 마음속에서 교만이 올라오고 미움이 올라오고 괴로움이 올라옵니다. 아무리 노력해도 순간순간 그것들이 용수철 튀듯 올라옵니다. 이것을 완전히 끝낼 수 있는 것이 죽음입니다. 죽음으로 죄에서 해방됩니다. 그 일을 위해 예수 그리스도께서 이 땅에 오셨습니다. 그래서 믿음으로 그분께 들어가기만 하면 우리에게 진정한 자유가 주어지게 되는 것입니다.

죽음의 유익2 – 완전해진다

죽음이 바울에게 유익이 되는 두 번째 이유를 살펴보겠습니다. 요한일서 3장 2절을 보십시오.

> 사랑하는 자들아 우리가 지금은 하나님의 자녀라 장래에 어떻게 될지는 아직 나타나지 아니하였으나 그가 나타나시면 우리가 그와 같을 줄을 아는 것은 그의 참모습 그대로 볼 것이기 때문이니.

이 구절 속이 중요한 메시지가 들어 있습니다. 우리가 지금은 모든 것이 불확실하고 희미하지만 죽은 이후에는 예수 그리스도와 같이 된다는 것입니다. 우리가 예수 그리스도가 된다는 뜻이 아니라 그분의 완전하심처럼 우리가 온전해진다는 의미입니다. 디모데후서 4장 8절을 보십시오.

> 이제 후로는 나를 위하여 의의 면류관이 예비되었으므로 주 곧 의로우신 재판장이 그 날에 내게 주실 것이며 내게단 아니라 주의 나타나심을 사모하는 모든 자에게도니라.

의의면류관은 무엇일까요? 요즘 흔히 사용하는 디지털 카메라 이전에 사용하던 필름카메라를 한번 생각해 보십시오. 필름을 다 사용한 후 카메라에서 꺼내어 밝은 불에 비춰 보면 어느 정도 형체를 알아볼 수 있습니다. 그렇지만 그것을 형태와 색깔까지 정확하게 보려면 강렬한 빛이 나오는 환등기에 비추어 보아야 합니다.

아직은 세상에 그와 같은 강렬한 빛이 오시지 않았습니다. 그래서 우리가 알고 있는 지식들은 어린아이와 같이 거의 불확실한 것입니다. 세계적인 신학자도 하나님의 완전한 의에 대해 아주 조금 희미하게 알고 있을 뿐입니다. 그러나 우리가 죽음의 문을 통과하게 되면 모든 것을 다 알 수 있게 된다는 말입니다. 우리 모두에게 그날이 반드시 올 것입니다. 그러므로 조금 안다고 너무 아는 체하지 말고 교만하지 말아야 합니다.

죽음의 유익3-그리스도와 온전히 연합된다

마지막으로, 죽음이 주는 세 번째 유익을 살펴보겠습니다. 시편 116편 15절을 보십시오.

> 그의 경건한 자들의 죽음은 여호와께서 보시기에 귀중한 것이로다.

하나님이 경건한 자들, 즉 성도의 죽음을 귀히 여기시는 중요한 이유가 있습니다. 우리는 지금 예수 그리스도와 약혼관계에 있습니다. 우리는 결혼식 날을 기다리며 단장하고 있는 신부입니다. 신부는 결혼식 날까지 정결하게 준비하며 살아가야 합니다. 우리는 지금 그 날을 위해서 사는 것입니다. 신랑 되신 예수 그리스도와 완전한 연합을 이루는 것, 바로 이것이 죽음이 우리에게 가져다주는 최고의 환희입니다. 그날이 오면 우리는 예수 그리스도와 완전한 결합으로 들어가게 됩니다. 만유의 주와 영원한 교제 속으로 우리가 들어가게 되는 것입니다.

지금까지 그리스도인이 죽음으로 얻게 되는 세 가지 유익을 살펴보았습니다. 그러나 결론이 우리가 빨리 죽어야 좋다는 것은 아닙니다. 고린도전서 15장 55-58절을 보십시오.

> 사망아 너의 승리가 어디 있느냐 사망아 네가 쏘는 것이 어디 있느냐 사망이 쏘는 것은 죄요 죄의 권능은 율법이라 우리 주 예수 그리스도로 말미암아 우리에게 승리를 주시는 하나님께 감사하노니 그러므로 내 사랑하는 형제들아 견실하며 흔들리지 말고 항상 주의 일에 더욱 힘쓰는 자들이 되라 이는 너희 수고가 주 안에서 헛되지 않은 줄 앎이라.

우리 그리스도인들에게 죽음은 하나의 관문과도 같은 것입니다. 신랑 되신 예수 그리스도께서 신부인 우리를 데리러 오시는 그날까지 우리의 삶의 자세가 어떠해야 하는지 하나님은 말씀하고 계십니다.

하나님이 우리에게 생명을 주셔서 이 땅에서 살게 하신 이유가 무엇일까요? 바울의 고백처럼 다른 성도들의 유익을 위해서입니다. 자신을 위해 살게 하시는 것이 아닙니다. 그러나 우리는 삶의 태도나 생각이나 기도가 대부분 자신의 평안과 유익을 구하는 것입니다. 이제는 바울처럼 우리도 저 천국에 소망을 두지만, 다른 이들을 위해 이 땅을 살아가는 그리스도인들이 되기를 바랍니다.

chapter 8

그리스도의

대사로

사는 자

오직 너희는 그리스도의 복음에 합당하게 생활하라 이는 내가 너희에게 가 보나 떠나 있으나 너희가 한마음으로 서서 한 뜻으로 복음의 신앙을 위하여 협력하는 것과 무슨 일에든지 대적하는 자들 때문에 두려워하지 아니하는 이 일을 듣고자 함이라 이것이 그들에게는 멸망의 증거요 너희에게는 구원의 증거니 이는 하나님께로부터 난 것이라 그리스도를 위하여 너희에게 은혜를 주신 것은 다만 그를 믿을 뿐 아니라 또한 그를 위하여 고난도 받게 하려 하심이라 너희에게도 그와 같은 싸움이 있으니 너희가 내 안에서 본 바요 이제도 내 안에서 듣는 바니라.

빌립보서 1장 27-30절

빌립보서 1장 1-26절에서 바울이 전하는 메시지의 핵심은 그리스도인이 고난 가운데 있을 때 어떤 내면의 자세를 가져야 하는지에 대한 기초였습니다. 이제 1장 27절부터 2장까지 본문에서 바울은 우리가 내면에 구원의 확신과 복음의 능력을 소망할 때, 그것이 우리 삶 속에 어떻게 표현되어야 하는지에 대해 이야기하고 있습니다.

하늘 시민답게 사는 법

본문 말씀 27절의 앞부분을 보십시오.

오직 너희는 그리스도의 복음에 합당하게 생활하라.

우리말 성경에는 '생활하라'고 번역되어 있지만 원문에는 '폴리데오스다이', 즉 '정치하라'는 단어가 사용되어 있습니다. 왜 바울은 '정치하라'는 독특한 단어를 썼으며 이 단어가 가진 진정한 의미는 무엇인지 살펴보겠습니다. 빌립보서 3장 20을 보십시오.

그러나 우리의 시민권은 하늘에 있는지라 거기로부터 구원하는 자 곧 주 예수 그리스도를 기다리노니.

이 구절에서 '시민권'이라는 단어는 1장 27절의 '생활하라'는 단어에 해당하는 '폴리데오스다이'라는 단어와 개념이 같습니다. 이 두 단어는 '폴리데오마'라는 같은 어원에서 나왔기 때문입니다.

그런데 바울은 일반인들이 쓰는 다양한 어휘나 용어가 많았음에도 불구하고 왜 이처럼 정치적인 단어를 편지에 썼을까요? 그것은 빌립보 도시라는 배경의 특성 때문입니다. 앞에서 언급한 것처럼 빌립보는 세 가지 특징을 갖고 있는 도시입니다. 첫째는 군사도시입니다. 로마의 퇴역장병들이 이곳으로 이주해 들어와 로마의 문화와 정신을 형성했습니다. 그래서 유독 빌립보서에는 군사적 용어가 많이 사용되었습니다.

둘째는 운동경주가 많았습니다. 그래서 빌립보서에도 운동경주에 관한 용어가 많이 사용되었습니다. 예를 들어서 3장 14절의 "푯대를 향하여…달려가노라."처럼 말입니다. 당시 빌립보 지역에서는 귀족들이 운동경주를 할 때 보통 사냥경주를 하는데 그때 '달려가다'라는 단어가 사용되었습니다. 사냥을 할 때 더 좋은 먹잇감을 발견했을 때 그때까지 쫓던 것을 포기하고 새로운 먹잇감을 향해 쫓아갈 때 쓰던 단어입니다. 더 좋은 가치를 위해서 이전에 쫓던 가치를 놓는 자세, 그것이 바로 바울이 채택한 '달려간다'라는 말의 의미입니다.

셋째로 빌립보는 정치적인 요소가 많은 도시였기 때문에 빌립보서에도 정치적인 단어가 많이 나옵니다. 1장 27절에서 '생활하라'를 의미하는 '폴리데오스다이', 즉 '정치하라'는 말에서 그것을 볼 수 있습니다. 그러면 바울은 왜 일상적인 용어를 쓰지 않고 이러한 정치용어를 사용하여 편지를 쓰고 있을까요? 이것은 빌립보서 3장 20절에서 살펴본 '시민권'이라는 주제와 아주 긴밀한 관계가 있습니다. 당시의 로마

시민권은 '콜론'이라 불렸습니다. 그것은 우리나라가 과거에 36년 동안 일제 치하에서 핍박과 설움의 세월을 살았던 식민지 개념과는 아주 다른 차원의 개념입니다.

빌립보 도시는 로마 본토와 무려 1,287km나 멀리 떨어져 있는 도시였지만 로마가 이 도시를 점령했기 때문에 빌립보는 로마의 식민지가 되었습니다. 그런데 중세 이전의 역사에 나오는 '콜론'이라는 단어의 개념을 보면, 로마가 군사적으로 점령을 했다고 곧바로 식민지가 되는 것이 아니었습니다. 몇 가지 기준과 자격 조건이 갖추어질 때 비로소 로마의 정식 도시로서 콜른이 되는 것이었습니다. 높은 도덕적 수준, 군사적 질서, 사회적 질서 등의 요소들이 종합적으로 충족될 때 로마 정부에서 원로 회의를 거쳐 그 지역을 정식 로마 제국의 식민지 국가, 즉 콜론으로 인정했던 것입니다.

앞에서 소개한 것처럼 빌립보는 마게도냐 지역에서 첫 성, 즉 가장 큰 도시였습니다. 그런데 원래 이 도시는 '투르게', 다시 말해서 야만족들이 국경지대를 중심으로 해서 모여 살던 곳을 마게도냐 왕이었던 필립이 점령한 것입니다. 그리고는 그 야만족들을 국경 밖으로 몰아내고 그곳에 도시를 설립하게 되었는데 그 도시가 빌립, 또는 빌립보가 되었습니다.

그리고 그의 아들 알렉산더 시대에 이 빌립보를 중심으로 하여 마게도니아에 그리스 문화가 꽃피게 됩니다. 이때 옥타비아누스와 안토니우스 같은 로마의 장군들이 들어와 결국은 마지막까지 버티던 그리스가 로마에 넘어가게 됩니다. 빌립보가 로마에 넘어감으로 사실상 로마 제국 하에 들어가게 되었지만 바로 로마 제국이 된 것이 아닙니다. 이 때부터 안토니우스 휘하의 부하들이 퇴역한 후에 빌립보 도시로 이주를 했는데 그때부터 그 도시가 로마의 문화와 철학이 형성되기 시작합니다. 그래서 빌립보는 로마 군인의 냄새가 물신 풍기는 도시로 탈바꿈을 하게 됩니다.

그래서 이 빌립보서는 세 부류의 사람들이 이해할 수 있는 군사적 어휘, 운동선수들이 쓰던 전문용어와 정치적 용어들이 많이 등장하는데, 그것은 바울이 빌립보 사람들이 복음에 대한 이해를 쉽게 할 수 있도록 의도적으로 채택한 것입니다. 그 지역 문화의 개념을 통해 설명할 때 복음이 가장 잘 전달될 수 있기 때문입니다.

여기서 우리는 지혜를 얻을 수 있습니다. 우리 기독교도 과거에 쓰던 단어들이 시대의 변화에 따라서 그 시대의 코드에 맞는 옷으로 바꿔 입어야 한다는 것입니다. 성경을 읽다 보면 저도 모르는 단어가 굉장히 많이 나옵니다. 그래서 국어사전, 영어사전, 헬라어사전 등 여러 사전을 찾아봐야 이해되는 고어들이 많습니다. 이런 것들이 빨리 현대인들의 정서와 문화 개념에 맞게끔 이해가 되도록 번역 작업이 끊임없이 계속되어야 합니다.

바울이 "그리스도의 복음에 합당하게 정치하라."고 한 말은 로마 시민권을 가진 자로서의 태도를 염두에 두고 한 말입니다. 빌립보는 로마에서 멀리 떨어져 있는 도성이었지만 이 지역에 사는 사람들은 로마의 시민이라는 자긍심이 대단했습니다. 그래서 그들은 로마의 사회질서와 똑같은 법과 질서를 가지고 살았습니다. 그런데 그들을 끊임없이 괴롭힌 사람들이 있었는데 필립 왕이 이 도시를 건설할 때부터 공격하고 방해했던 투르게, 즉 야만족이었습니다. 그래서 늘 이들과 싸우면서 도시를 좀 더 로마답게 만드는 작업을 끊임없이 해 온 사람들이 빌립보 도성의 시민들입니다. 그래서 '콜론'과 '폴리데오스다이'라는 단어를 쓰면 이들은 그 개념을 잘 알아차렸습니다.

바울이 이러한 시대와 문화에 따른 용어를 사용하여 메시지를 전한 이유는 복음을 받는 사람들을 위해서입니다. 빌립보 사람들의 본토는 로마지만 지금 그들은 빌립보에 살고 있습니다. 야만족이 시시탐탐 노리는 빌립보 땅에 로마의 문화를 이루어 가며 로마 시민으로서 살아가고 있는 것입니다.

이처럼 우리도 본토는 하나님 나라지만 이 땅에서 살아갑니다. 사탄의 권세 아래 있는 죄악 된 이 땅에 살지만 우리는 하늘의 시민권을 가진 사람들인 것입니다. 그래서 우리는 그리스도의 대사입니다. 대사가 하는 일이 무엇입니까? 파송된 나라에 가서 자기 나라의 문화를 소개하고 자국 백성을 보호하고 그 나라와 정치적 문제들을 해결해 나가는 일들을 합니다.

우리는 하늘나라 시민권을 가진 자로서 이 땅에 하나님의 나라를 세우는 일을 위해 파송받은 대사들입니다. 바로 이 개념을 이해시키기 위해 바울이 '폴리데오스다이'라는 단어를 사용한 것입니다. 그래서 "복음에 합당하게 생활하라."는 말은 하늘나라 시민권을 가진 자로서 책임 있게 생활하라는 뜻입니다.

지도자처럼 어떤 대표성을 가진 사람은 함부로 살 수 없습니다. 우리가 그리스도의 대사가 되었다는 것은 그다지 쉬운 문제가 아닙니다. 내가 돈 있다고 마음대로 쓰면서 다니거나, 내 발로 내가 원하는 곳에 마음대로 갈 수 있는 것도, 내 입으로 하고 싶은 말 다 할 수도 없습니다. 우리는 하늘 시민권을 가진 자로서 이 땅에 파송된 그리스도의 대사이기 때문입니다.

우리가 한 영혼에게 그리스도의 복음을 증거하고 말하는 것은 소중한 우리의 책무이지만 그에 앞서 우리가 하늘나라 시민권을 가진 그리스도의 대사로서 우리의 이웃들에게 어떤 사람으로 비쳐지고 있는지가 무척 중요합니다. 그래서 바울이 우리에게 전하는 메시지를 다시 한 번 마음에 새기면서 우리의 삶의 자세를 새롭게 하기를 바랍니다.

함께 가는 신앙생활

이제 27절 전체를 보십시오.

오직 너희는 그리스도의 복음에 합당하게 생활하라 이는 내가 너희에게 가 보나 떠나 있으나 너희가 한마음으로 서서 한 뜻으로 복음의 신앙을 위하여 협력하는 것과.

이 구절에 우리가 꼭 기억해야 할 중요한 세 가지 단어가 등장합니다. 첫째 단어는 '한마음으로'입니다. 둘째 단어는 '한 뜻으로'입니다. 어찌 보면 이 두 단어가 비슷한 의미인 것 같지만 바울은 전혀 다른 의도로 사용했습니다. 그리고 셋째 단어는 '협력하는'입니다. 이 세 단어가 각각 우리의 삶 속에 어떤 의미를 갖고 있는지 살펴보겠습니다.

먼저, '한마음으로'라는 말은 쉽게 말해서 함께하는 것입니다. 공동체가 되는 것입니다. 이 단어도 바울이 군사용어에서 채택한 것인데 이것은 '스크럼을 짜다'는 의미를 가지고 있습니다. 이해를 돕기 위해서 예를 들어 보겠습니다. 기마전이라는 경기를 떠올려 보십시오. 다섯 명이 한 조가 됩니다. 한 사람이 중앙에 서고 양쪽에 키가 비슷한 두 사람이 팔을 교차로 잡고 섭니다. 그리고 맨 뒤에는 미는 역할을 하는 사람이 섭니다. 그리고 그 위에 한 사람이 올라탑니다. 이렇게 해서 서로 무너지지 않도록 하면서 상대팀의 기마를 먼저 무너뜨리면 이깁니다. 이런 광경이 '스크럼을 짜다', '함께하다'는 개념을 잘 보여 주고 있습니다. 교회가 이러한 속성을 항상 잃어버리지 말 것을 바울이 권면하고 있는 것입니다.

이렇게 '한마음으로'는 스크럼을 짜는 것을 뜻하고, 그 뒤에 '한 뜻으로'라는 표현은 '같은 정신'을 말합니다. 기마전을 위해 스크럼을 짰는데 양쪽에서 서로 팔을 교차해서 잡고 선 사람들이 서로 감정이 안 좋다고 생각해 봅시다. 함께 스크럼은 짠 상태이지만 정신이 하나가 되지 않으면 경기가 어떻게 될까요? 이러한 상태에 있는 교회들이 있습니다. 한 교회 안에 구성원들의 마음이 하나 되지 않을 때 그 스크럼은 아무런 힘을 발휘할 수 없습니다.

셋째 단어인 '협력하다'는 말은 '순아트룬테스'입니다. 앞에서도 언급했듯이, 로마의 군대는 항상 삼대가 편성되어 있습니다. 맨 앞열은 예비군 수준의 병력이, 그리고 다음은 조금 더 수준 높은 병력을, 그리고 최정예부대를 제일 뒤에 배치합니다. 그런데 이 병법의 아킬레스건이 있는데 그것은 열과 열이 체인지할 때입니다. 어느 공동체든지 리더십이 바뀔 때는 혼란이 있게 마련입니다. 그래서 로마의 병사들은 1열과 2열이 체인지할 때와 2열과 3열이 체인지할 때 혼란이나 빈틈이 없도록 집중 훈련을 합니다. 이 병법 때문에 어떤 적군들과 만나도 로마의 군대는 지는 법이 없었습니다.

시오노 나나미라는 일본 작가가 쓴 『로마인 이야기』라는 책에 로마인의 평범함에 대해 기술한 부분이 있습니다. 키도 크지 않고 지혜가 남달리 뛰어난 민족도 아니고 강한 체력을 가진 민족도 아니지만 로마가 어떻게 그 장구한 역사 동안 수많은 대적을 물리치고 평화를 유지할 수 있었는지를 분석하면서 로마인들의 특성들을 이야기하고 있습니다.

그중 한 가지가 수용성이었습니다. 로마 군대의 병법은 원래는 로마의 것이 아니었습니다. 이것은 앞서 소개한 것처럼 마게도냐의 왕을 지냈던 필립이 이 병법을 고안해 내어 아들 알렉산더에게 계승해 준 것입니다. 알렉산더는 이 병법을 가지고 그리스 제국을 건설할 수가 있었습니다. 그러다가 로마에게 지게 되었습니다. 로마가 전쟁을 치르다 보니까 이 병법이 아주 좋다고 판단했습니다. 그래서 적이 쓰던 병법이지만 로마가 그대로 수용을 합니다. 수용성과 철저한 훈련, 이것이 로마 군단의 바로 그 위대한 능력이었습니다.

바울도 이러한 메시지를 전하고 있습니다. "협력하는 것과"라는 말은 "굳건히 서서 한 발 한 발 나아가다"라는 뜻입니다. 로마 제국사를 배경으로 〈쿼바디스〉 같은 영화를 보면, 로마 군병들이 싸울 때 몸 전체를 가릴 수 있는 방패를 땅에 대고 구령에 맞춰 한 보 한 보 전진하는 동안 병사들의 대열이 마치 줄로 그어 놓은 것처럼 일사분란하게 움직입니다. 이러한 개념에서 '협력'이라는 단어가 쓰인 것입니다.

교회에 왜 이 속성이 중요할까요? 교회에는 혼자 튀는 사람이 있어서는 안 됩니다. 그것은 개성을 무시하거나 죽이라는 의미가 아닙니다. 교회는 함께하는 공동체여야 한다는 의미입니다. 누군가가 조금 뒤처지면 기다렸다가 같이 가는 너그러움과 여유, 이것이 바로 교회가 가져야 할 속성, 즉 협력이라는 것입니다. 이것이 바울이 빌립보 교회 성도들에게 부탁한 것이었습니다.

이제 28절을 보십시오.

> 무슨 일에든지 대적하는 자들 때문에 두려워하지 아니하는 이 일을 듣고자 함이라 이것이 그들에게는 멸망의 증거요 너희에게는 구원의 증거니 이는 하나님께로부터 난 것이라.

'두려워하다'라는 말은 바울이 전쟁 속에서 벌어진 상황을 염두에 두고 쓴 것입니다. 살다보면 우리가 정말 넘을 수 없을 것 같은 태산 같은 일들을 만날 때가 있습니다. 우리는 그 앞에서 '아, 이건 하나님도 어떻게 할 수 없으시겠다.' 하며 두려움에 떱니다. 그러나 그럴 때 두려워하지 말라는 말입니다.

그것이 하나님의 백성이 아닌 사람들에게는 멸망의 증거가 되지만 하나님이 택한 백성들에게는 오히려 구원의 증거가 되는 것입니다. 왜냐하면 하나님이 우리 전체 인생의 계획과 섭리를 붙들고 계시기 때문입니다. 그래서 우리에게는 결코 완전한 끝이나 멸망은 없다는 확신을 하나님이 바울을 통해 우리에게 주고 계십니다. 복음의 능력을 약속하시는 것입니다.

계속해서 29-30절을 보십시오.

> 그리스도를 위하여 너희에게 은혜를 주신 것은 다만 그를 믿을 뿐 아니라 또한 그를 위하여 고난도 받게 하려 하심이라 너희에게도 그와 같은 싸움이 있으니 너희가 내 안에서 본 바요 이제도 내 안에서 듣는 바니라.

"너희가 내 안에서 본 바요 이제도 내 안에서 듣는 바니라."는 말은 이런 뜻입니다. 지금 바울이 감옥에 갇혀 있습니다. 그러나 그는 그러한 고난이 복음이 로마의 심장부로 들어가도록 돕는 역할을 하고 있으니 두려워할 필요가 없다고 말하고 있는 것입니다. 앞에서 그는 이렇게 말했습니다. "형제 중 다수가 나의 매임으로 말미암아 주 안에서 신뢰함으로 겁 없이 하나님의 말씀을 더욱 담대히 전하게 되었느니라" (14절).

바울과 실라가 마게도냐에서 감옥에 갇혔을 때 죽음의 공포 속에서 찬송과 기도를 할 수 있었던 것은 자신들이 전한 복음이 로마의 심장부로 간다는 것을 알았기 때문입니다. 우리를 움츠러들게 하는 두려운 상황이 다가올 때 그것이 우리를 무너뜨리는 것이 아니라 우리의 구원의 완성을 위한 것임을 잊지 마십시오. 바울이 바로 그 얘기를 하는 것입니다.

오늘도 우리의 삶에는 여전히 우리를 뒤흔드는 보이지 않는 일들이 많이 있습니다. 그러나 그런 것들로 인해 뒤로 물러서거나 침륜에 빠지거나 두려워하지 마십시오. 하나님이 주신 능력으로 하늘나라에서 파송된 그리스도의 대사답게 복음에 합당한 삶으로 이 땅에 하나님 나라를 구현하는 능력의 그리스도인이 되기를 축복합니다.

chapter 9

성령의

코이노니아를

위하는 자

그러므로 그리스도 안에 무슨 권면이나 사랑의 무슨 위로나 성령의 무슨 교제나 긍휼이나 자비가 있거든 마음을 같이하여 같은 사랑을 가지고 뜻을 합하며 한마음을 품어 아무 일에든지 다툼이나 허영으로 하지 말고 오직 겸손한 마음으로 각각 자기보다 남을 낫게 여기고 각각 자기 일을 돌볼뿐더러 또한 각각 다른 사람들의 일을 돌보아 나의 기쁨을 충만하게 하라.
빌립보서 2장 1-4절

빌립보서 1장에서 바울은 우리가 안팎으로 전시와 방불한 상황에 놓여 있음을 설명했습니다. 그래서 특별히 로마 근병들이 사용하던 군사적 용어들이 많이 등장했습니다.

이제 2장을 시작하면서 바울은 '그러므로'라는 말로 시작합니다. 이 단어는 비록 접속사지만 많은 메시지를 담고 있습니다. "우리가 지금 안팎으로 전시와 방불한 상황에 놓여 있다. '그러므로' 이제 어떻게 우리의 관계를 견고하게 유지하고, 친밀함을 갖고 연합을 이룰 것인지에 관해 소개하겠다."라는 내용입니다.

아버지의 마음

일본어와 우리말의 어순은 같아서 처음에 배우기가 어렵지 않습니다. 그러나 헬라어와 우리말의 어순은 영어처럼 서로 다릅니다. 그래서 본문 말씀 1-4절의 한 문단도 좀 뒤집어져 있습니다. 예를 들어서, 4절 끝부분에서는 "각각 자기 일을 돌볼뿐더러 또한 각각 다른 사람들의 일을 돌보아 나의 기쁨을 충만하게 하라."고 합니다. 이 말을 헬라어 어순대로 읽으면 "그러므로 나의 기쁨을 충만하게 하기 위해서는"이라는 말이 앞에 나와야 합니다. 그러므로 나의 기쁨을 충만케 하기 위해서는 이러이러한 요소들이 필요하다는 얘기를 하려는 것입니다.

그 전에 우리는 "그러므로 나의 기쁨을 충만하게 하기 위해서는"이라는 구절에서 바울이 드러내고 있는 목자의 마음을 읽을 수 있어야 합니다. 물론 그 기쁨은 그리스도 안에서의 기쁨과 충만한 상태를 말합니다. 이것이 무엇을 말하는 것인지 예를 들어 설명하겠습니다.

부모로서 자녀들로 인해 정말 기쁠 때가 언제일까요? 자녀들이 학교에 잘 다니고 좋은 직장에 취직해서 부모를 잘 모시는 것일까요? 물론 그런 것도 기쁜 일이지요. 그런데 그보다 더 기쁜 것은 자녀들이 기쁠 때나 어려울 때 서로 축하하고 위로하고 도우며 우애 있게 지내는 것입니다. 아무리 좋은 대학 나와서 좋은 직장 들어가 돈을 많이 벌어도 집안에 경조사 있을 때는 서로 얼마 낼지 눈치 보고, 부모 재산 가지고 신경전 벌이고 툭하면 서로 싸우고 연락 끊고 지내고 그런다면 어느 부모가 기뻐하겠습니까? 염려만 쌓일 뿐입니다.

이처럼 바울도 성도들에 대해 이런 아비의 마음을 갖고 있는 것입니다. 성도들이 한마음 한 뜻이 되는 것이 그의 가장 큰 기쁨입니다. 바울은 성도들에게 헌금을 많이 내니 기쁘다, 이런 얘기를 한 것이 아닙니다. 그가 말하는 것은 이런 것입니다. "하나가 되어라. 그것이 나에게 큰 기쁨을 주는 것이다. 그러므로 나에게 큰 기쁨을 주려면 이렇게 하라." 그리고 그 다음부터 구체적인 내용이 나옵니다. 2장 1절을 보십시오.

> 그러므로 그리스도 안에 무슨 권면이나 사랑의 무슨 위로나 성령

의 무슨 교제나 긍휼이나 자비가 있거든.

교회가 어떤 가치보다도 소중히 여겨야 할 것은 하나 됨인데 이 하나 됨을 지키기 위해 받치고 있는 네 개의 기둥이 있습니다. 첫째는 '권면', 즉 '파라클레토스'입니다. 바나바라는 인물을 생각해 보십시오. 우리는 대부분 바나바를 이름으로 알고 있지만, 성경을 자세히 들여다 보면 그것은 별명임을 알 수 있습니다. 사도행전 4장 36절을 보십시오.

구브로에서 난 레위족 사람이 있으니 이름은 요셉이라 사도들이
일컬어 바나바라(번역하면 위로의 아들이라)하니.

'바나바'라는 별명은 '파라클레토스'인데 그 뜻은 보혜사- 성령에서 나온 것입니다. 예수님이 "내가 아버지께로 가면 파라클레토스, 즉 보혜사 성령이 오신다."고 하셨습니다. 그런데 보혜사는 권하고 격려하고, 위로하고, 도와주고, 안내해 주고, 인도하는 좋은 일들을 합니다. 그러므로 성령이 우리 속에 오셔서 하시는 주된 일이 구원의 진리를 깨닫게 하시고, 진리 가운데로 인도하시고, 보호해 주시고, 함께해 주시고, 격려해 주시고, 위로해 주시는 것입니다. 이러한 성령의 은혜를 체험한 사람은 성령의 속성을 가진 체질로 변화하는데 바나바가 바로 그렇게 된 사람입니다. 사도행전 4장 32절을 보십시오.

믿는 무리가 한마음과 한 뜻이 되어 모든 물건을 서로 통용하고
자기 재물을 조금이라도 자기 것이라 하는 이가 하나도 없더라.

바나바의 원래 이름은 요셉이었습니다. 이 무리 속에 요셉이 끼어 있었습니다. 레위족인 요셉이 성령께 붙잡힌 사도들의 말씀을 듣다가 은혜를 받은 것입니다. 성령이 임했습니다. 그래서 요셉의 삶이 바뀌었습

니다. 그를 지켜 본 사도들이 그에게 별명을 붙여 줬는데, 그가 사람들을 잘 위로하고 권면한다 하여 '바나바'라고 불렀습니다.

여기서 빌립보서 2장 1절의 '권면하다', '위로하다'는 말이 나왔습니다. 교회가 하나 됨을 이루기 위해서 가장 중요한 것은 말입니다. 하나님은 말에 권능을 부여하셨기 때문에 긍정적이든 부정적이든 말한 대로 이루어집니다. 이스라엘 백성들의 경우를 봐도 이것을 알 수 있습니다. 그들은 광야에서 "배고파 죽겠다", "목말라 죽겠다." 하며 불평하다가 정말 다 죽었습니다.

성령의 교제

사람과 사람 사이에 연합이 이루어지려면 권면이나 사랑의 언어가 가장 필요합니다. 언어가 얼마나 중요합니까? 하나님은 "너희 말이 내 귀에 들린 대로 내가 너희에게 행하리니"(민 14:28)라고 말씀하셨습니다. 하나님은 천지만물을 말씀으로 창조하셨습니다. 인간은 하나님의 형상으로 지음받았기 때문에 모든 피조물 중에서 언어를 사용하는 유일한 존재입니다. 하나님이 유일하게 우리에게 말의 권세를 주셨습니다. 그런데 이 언어를 어떻게 사용하는지는 우리에게 달려 있습니다. 그래서 교회의 연합을 이루게 하는 가장 일차적인 요소도 말이고, 연합을 깨는 가장 일차적인 원인도 말입니다.

교회는 목회자들만 성도들을 양육하고 키우는 것이 아닙니다. 성도들도 목회자들을 성장하고 성숙해지도록 서로 만들어 가는 것이 교회 공동체의 진정한 의미입니다. 서로 완전하지 않기 때문에 함께 자라가야 합니다. 그래서 권면과 사랑의 위로와 성령의 교제가 필요합니다. 여기서 우리가 무엇보다 꼭 생각해 보아야 할 것은 성령의 코이노니아입니다. 우리는 모두 연약하고 부족한 존재임을 잊지 말고 서로 비난하고 정죄하기보다는 위로하고 힘을 주고 자주 만나서 아름다운 교제를 나누어야 합니다.

저의 선배님 중에 "트밑이 열려야 마음이 열린다."라는 목회 철학을 가지고 계신 분이 계십니다. 서로 함께 앉아서 밥을 먹어야 마음이 열린다는 뜻입니다. 정말 그렇습니다. 우리가 새로운 사람을 만났을 때 몇 마디 대화만 하고 헤어지는 것과 자장면이라도 한 그릇 함께 먹고 헤어지는 것은 관계의 깊이가 다릅니다. 부흥하는 교회들을 보면 대체로 식사 교제가 잘 됩니다. 함께 먹으면서 더 깊은 교제를 나누는 것입니다. 그러면서 서로 삶의 애환을 나누고 기도로 이어지고 하면서 성령이 하나 되게 하신 것을 함께 경험하게 됩니다.

다음으로, 사도 바울은 "긍휼이나 자비가 있거든"이라고 했습니다. 여기서 긍휼이나 자비는 원문에서 인체의 장기를 나타내는 용어로 쓰였습니다. '긍휼'은 위를 말하고, '자비'는 내장을 말합니다. 왜 바울은 그렇게 표현했을까요?

슬픈 일도 자주 접하다 보면 그 슬픔에 대해서 형식적이 됩니다. 저 같은 경우에는 장례식을 많이 접하다 보니 어떤 때는 장례 예배를 인도하면서도 슬픔을 당한 유족의 마음이 가슴에 잘 와닿지 않는 저 자신을 발견하게 됩니다. 그러다 보면 형식적이 되는 것입니다. 유족들의 슬픔에 동참하는 것도 형식적이 됩니다. 그것은 긍휼이나 자비가 아닙니다. 교우에게 큰 어려움이 닥쳤는데 그저 "그것 참 안 됐네." 하며 지나가는 것은 위로하는 것이 아니라 오히려 더 아픔을 주는 태도입니다.

바울이 말하는 긍휼과 자비는 내장이 울리는 것입니다. 사복음서를 보면, 예수님이 가르치실 때 저녁이 다 될 무렵 먹을 것 없이 빈들에 흩어져 있는 무리들을 어떤 심정으로 보셨는지가 나옵니다. 예수님은 그들을 목자 없는 양, 부모 없는 고아와 같이 보시고 민망히 여기셨습니다. 여기서 '민망'이라는 말이 '내장'인데 그것은 창자가 끊어지는 듯한 아픔을 의미합니다.

그러므로 "긍휼이나 자비가 있거든"이라는 말은 우리가 지체의 아픔에 창자가 끊어지는 듯한 아픔을 느끼며 동참하는 것을 의미합니다. 그러한 감정을 느끼려면 지체가 적어도 가족과 같은 관계 속으로 들어와야 합니다. 그 정도가 되지 않으면 진정한 긍휼과 자비를 베풀 수 없는 것입니다.

겸손, 하나님을 만난 증거

이제 2절을 보십시오.

마음을 같이하여 같은 사랑을 가지고 뜻을 합하며 한마음을 품어.

이 말은 간단히 얘기해서 앞에서 언급한 네 개의 기둥에 집중하라는 의미입니다. 앞장에서 로마의 군사들이 적진을 향해서 조밀하게 빈틈없이 서 있는 것처럼 그렇게 서로 하나 되라는 것입니다. 그리고 3절을 보십시오.

아무 일에든지 다툼이나 허영으로 하지 말고 오직 겸손한 마음으

로 각각 자기보다 남을 낫게 여기고.

여기서 '낫'자를 잘 보셔야 합니다. 'ㅅ'이지 'ㅈ'이 아닙니다. '허용'이라는 말은 헬라어로 '케노독시아'인데 이는 '빈 영광', '헛된 영광'을 뜻합니다. 그리고 '겸손'이라는 말이 나옵니다. 스위스 로이스라는 사람이 쓴 『순수한 기독교』라는 책에 이런 말이 나옵니다. "자신이 지독하게 교만한 존재라는 것을 알 때 겸손해짐이 시작된다." 겸손해지는 것이 아니라 겸손해짐이 시작된다고 했습니다. 그러기 위해 자신이 얼마나 교만한 존재인지를 알아야 한다는 것입니다.

특별히 교회에서 지도자나 목회자처럼 앞에 선 사람들은 더욱 교만을 조심해야 합니다. 늘 가르치고 지시하는 입장에 있다 보니까 자신은 괜찮은 사람이라는 착각 속에 빠지기 쉽기 때문입니다. 겸손해지는 첫 번째 단계는 자신이 교만하다는 것을 아는 것입니다.

그리고 두 번째 단계는 하나님 앞에서 자신을 계속 낮추는 것입니다. 의도적으로 그러라는 말이 아니라 자기가 정말 그럴 수밖에 없는 존재라는 걸 깨달아야 합니다. 이사야는 하나님의 영광을 만나게 되자 이렇게 고백했습니다. "화로다 나여 망하게 되었도다"(사 6:5). 베드로도 십자가에 돌아가신 예수님을 물가에서 다시 만났을 때, 예수님을 신적인 존재로 보게 되면서 두려움에 떨며 '주여 나를 떠나소서. 나는 죄인이로소이다"(눅 1:8)라고 말했습니다. 우리는 하나님 앞에서 이러한 자기 발견을 해야 합니다.

세 번째 단계는 하나님과 끊임없는 교제 안에 살아가는 것입니다. 하나님은 우리가 온전한 모습으로 나아오는 것을 기대하시지 않습니다. 오늘도 여전히 실수하고 무너진 모습이지만 그 모습 그대로 주님 앞에 나아오는 것을 원하십니다. 매일 주님과 교제 가운데 있을 때 우리는 허영을 벗어버릴 수 있고, 다툼을 멈출 수가 있습니다.

평안한 삶의 비결

이제 마지막으로 4절을 보십시오.

> 각각 자기 일을 돌볼뿐더러 또한 각각 다른 사람들의 일을 돌보아 나의 기쁨을 충만하게 하라.

이 구절에서 자기 일과 남의 일을 돌아보는 순서를 눈여겨봐야 합니다. 무엇이 먼저 나왔습니까? 자기 일을 먼저 돌아보라고 합니다. 그런데 헬라원문을 살펴보면 순서가 다릅니다. 먼저 다른 사람들의 일을 돌아보라고 기록되어 있습니다. 그런데 우리는 항상 내 일을 먼저 돌아보는 경향이 있습니다. 내 유익, 내 조건 이런 것들을 먼저 챙긴 후에 다른 사람들을 돌아봅니다.

예수님께서 그 영광의 보좌를 버리시고 이 땅에 오신 것 자체가 자신을 뒤로하고 우리를 먼저 돌아보신 것입니다. 이것은 하나님께서 우리 그리스도인들에게 가장 중요하게 여기시는 삶의 원리입니다. 이것이, 그런데 우리는 이것이 아직 잘 되지 않습니다. 우리 자신을 먼저 돌아보기 전에 다른 사람의 유익을 돌아볼 수 있는 마음이 되는 것, 그것이 십자가를 지는 것입니다. 요한복음 14장 27절에서 예수님은 이런 말씀을 하십니다. 이 말씀이 이 장의 결론입니다.

> 평안을 너희에게 끼치노니 곧 나의 평안을 너희에게 주노라 내가

너희에게 주는 것은 세상이 주는 것과 같지 아니하니라.

세상이 주는 평안은 무엇입니까? 병이 났던 사람이 병이 나으면 평안해집니다. 돈 없던 사람이 돈이 생기면 평안해집니다. 빚 있던 사람이 빚을 갚으면 평안해집니다. 이런 것이 세상의 평안입니다. 그런데 주님은 이렇게 말씀하십니다. "내가 너희에게 주는 것은 세상이 주는 것과 같지 아니하니라."

그런 후에 주님이 하신 일이 무엇이었습니까? 찬미하며 감람산으로 십자가 지러 가십니다. 이것은 무엇을 뜻할까요? 예수님이 말씀하신 평안의 본질은 자신이 십자가를 지심으로써 만백성이 구원이라는 유익을 얻게 될 그 일을 생각하면서 누리시는 기쁨입니다. 다른 사람들이 얻을 유익을 위해 내가 희생하는 것을 기뻐할 수 있는 것, 그것이 예수님의 기쁨이자 평안의 이유였습니다.

그리스도인들은 나의 복, 나의 성공, 나의 번영, 이것들을 먼저 구해서는 안 됩니다. 우리가 아직도 이 수준을 벗어나지 못했기 때문에 기독교가 세상으로부터 비판과 질타를 많이 받고 있습니다. 자기 유익을 위해 푸닥거리하는 무당과 별다른 것이 없는 종교라는 가슴 아픈 소리도 듣습니다. 기독교인들이 도대체 비기독교인들과 다른 것이 뭐냐는 질문도 많이 받습니다.

진정한 기독교의 속성은 내가 십자가에 날마다 죽는 것입니다. 내가 희생하고, 내가 손해 봄으로 다른 사람에게 유익을 끼치는 것, 이로 인해 우리는 세상 그 무엇과도 바꿀 수 없는 하늘의 기쁨과 평안을 맛보게 됩니다. 우리가 남은 순례 길을 그렇게 살아가기를 바랍니다.

chapter 10

십자가 능력이

삶에

나타나는 자

너희 안에 이 마음을 품으라 곧 그리스도 예수의 마음이니 그는 근본 하나님의 본체시나 하나님과 동등됨을 취할 것으로 여기지 아니하시고 오히려 자기를 비워 종의 형체를 가지사 사람들과 같이 되셨고 사람의 모양으로 나타나사 자기를 낮추시고 죽기까지 복종하셨으니 곧 십자가에 죽으심이라.
빌립보서 2장 5-8절

이 장에서는 빌립보서뿐만 아니라 전체 성경 속에서 몇 안 되는 백미에 해당하는 아주 중요한 기독론이 담겨 있는 말씀을 살펴보겠습니다.

우리는 예수 그리스도의 성육신하신 사건이 우리의 삶 속에 어떻게 능력이 되는지를 알아야 합니다. 예수 그리스도가 하나님의 아들로서 육신의 몸을 입고 우리 죄를 구속하기 위해서 오셨고, 우리는 그분의 은혜로 말미암아 구속함을 받은 백성이 되었습니다. 그러한 예수님의 성육신 사건이 오늘 우리의 생활 속에 능력이 나타나야 한다는 것입니다. 이에 대해 깊이 살펴보도록 하겠습니다.

이 땅에 오시기 전 예수님

우리는 예수 그리스도께서 육신을 입고 이 땅에 오신 그리스도의 'incarnation', 즉 성육신 사건을 알고 있습니다. 그런데 이것을 살펴보기 이전에 그분이 성육신하시기 이전에는 어떤 분이었는지 알아야 합니다. 이에 대해 빌립보서 2장 5-8절은 이사야 14장에 나오는 내용과 대치 구도를 이루며 말하고 있습니다. 이사야 14장 12절을 보십시오.

> 너 아침의 아들 계명성이여 어찌 그리 하늘에서 떨어졌으며 너 열국을 엎은 자여 어찌 그리 땅에 찍혔는고.

이 구절은 사탄의 현재 상태를 지적하고 있습니다. 그런데 다음 구절을 보십시오.

> 네가 네 마음에 이르기를 내가 하늘에 올라 하나님의 뭇 별 위에 내 자리를 높이리라 내가 북극 집회의 산 위에 앉으리라.

어둠의 권세 잡은 자인 사탄의 가장 중요한 속성은 높아지는 것입니다. 그래서 에덴동산 시절부터 사탄은 항상 우리 속에서 높아지고자 하는 욕망으로 역사합니다. 자기를 드러내고 싶어합니다. 정도의 차이일 뿐이지 우리는 모두 이러한 속성을 갖고 있습니다. 허세 부리는 사람들 속을 들여다보면 별거 없습니다. 그런데 자꾸 겉모습을 통해서 올라가려고 합니다. 어떻게 해서든 하나님처럼 되고자 하는 속성이 있는 것입니다. 그래서 기독교를 제외한 모든 종교의 끝은 "나도 신이 될 수 있다."는 것입니다.

그러나 예수 그리스도는 그와 반대로 낮아지셨습니다. 낮아지시니까 하나님이 그분의 보좌를 하나님 우편으로 높이신 것입니다. 바로 이와 같은 원리가 우리의 삶의 원리가 되어야 합니다. 자꾸만 자기 자신을 낮추어야 합니다. 이것은 자존감을 낮게 가져라는 의미가 아닙니다. 과장하지 말고 허세 부리지 말고 자신보다 남을 낮게 여기라는 말입니다.

그런데 우리 내면에 박힌 사탄의 뿌리가 좀처럼 뽑혀지지 않습니다. 그렇기 때문에 우리는 늘 하나님 앞에서 말씀에 비추어 자신을 돌아보아야 합니다. 그러지 않으면 하나님이 가장 싫어하시는 교만한 사람이 되는 것입니다.

빌립보서 2장 5-6절을 보십시오.

> 너희 안에 이 마음을 품으라 곧 그리스도 예수의 마음이니 그는 근본 하나님의 본체시나 하나님과 동등됨을 취할 것으로 여기지 아니하시고.

여기서 '동등됨'이라는 단어가 나오는데 먼저 이 단어를 잘 이해해야 예수님이 이 땅에 육신을 입고 오셨다는 것이 무슨 의미인지 이해할 수 있습니다. 신약은 헬라어로 기록되어 있기 때문에 헬라어 체계에서만 표현이 가능한 개념들이 있습니다. '하나님의 본체'에서 '본체'는 헬라어로 '몰퓌', 또는 '모르퓌'라고 되어 있습니다. 이 말은 하나님의 본질을 내적으로 소유했다는 뜻입니다.

그런데 이것을 하늘에 계신 전능하신 하나님이 아들로 변장해서 이 세상에 내려오셨다고 곡해하는 신학자들이 있습니다. 그래서 '본체'라는 말을 가지고 예수님을 하나님이라고 이해하는 것입니다. 그리고 삼위일체를 숫자적인 개념에 맞추기 시작했습니다. 하나님은 한 분인데 성부, 성자, 성령으로 역할이 그때그때 달라지시는 것뿐이라는 것입니다.

이것은 말이 안 됩니다. 예를 들어, 십자가를 지시기 전에 겟세마네에서 예수님이 기도하시던 장면을 생각해 보십시오. 예수님이 "아버지여 만일 아버지의 뜻이거든 이 잔을 내게서 옮기시옵소서"(눅 22:42)라고 기도하시고는 바로 하늘로 가셔서 하나님 아버지가 되셨을까요?

'하나님의 본체', 즉 '모르풔'라는 단어는 하나님의 본질을 내적으로 같이 소유했다는 뜻입니다. 예를 들어, 제가 "저희 아들하고 제가 하나입니다."라고 말할 때는 숫자적인 개념이 아니라 질적인 개념을 의미합니다. 그러므로 '모르풔'는 예수 그리스도가 하나님의 본질을 가지고 계신다는 말입니다. 요한복음 1장 1절을 보십시오.

> 태초에 말씀이 계시니라.

여기서 나오는 '태초'라는 말은 창세기 1장 1절에도 나옵니다. 그런데 원문을 가지고 비교를 해 보면 서로 다른 단어입니다. 요한복음 1장 1절의 '태초'는 시작이 없는 태초를 말합니다. 시간적 개념에서의 태초를 말하는 것이 아닙니다. 그런데 창세기 1장 1절의 '태초'는 시간적 개념이 있는 것으로서 역사의 시초를 의미합니다. 1-3절까지 보십시오.

> 태초에 말씀이 계시니라 이 말씀이 하나님과 함께 계셨으니 이 말씀은 곧 하나님이시니라 그가 태초에 하나님과 함께 계셨고 만물이 그로 말미암아 지은 바 되었으니 지은 것이 하나도 그가 없이는 된 것이 없느니라.

이 구절에서 말씀이 누구인지, 그는 누구이며 하나님은 누구인지 헷갈리기 쉬운데 예수님을 가리키고 있습니다. 4-10절을 보십시오.

> 그 안에 생명이 있었으니 이 생명은 사람들의 빛이라 빛이 어둠에 비치되 어둠이 깨닫지 못하더라 하나님께로부터 보내심을 받은 사람이 있으니 그의 이름은 요한이라 그가 증언하러 왔으니 곧 빛에 대하여 증언하고 모든 사람이 자기로 말미암아 믿게 하려 함이라

> 그는 이 빛이 아니요 이 빛에 대하여 증언하러 온 자라 참 빛 곧
> 세상에 와서 각 사람에게 비추는 빛이 있었나니 그가 세상에 계셨
> 으며 세상은 그로 말미암아 지은 바 되었으되.

여기서 '빛'은 예수 그리스도입니다. 이 세상이 그 빛, 예수 그리스도로 말미암아 지음 바 되었다는 것입니다. 그러니까 예수 그리스도께서 이 땅에 오시기 전에 영원하신 하나님 아버지와 함께 계셨습니다. 그 영원하신 예수 그리스도께서 하나님이 이 세상을 창조하실 때도 함께 하셨다는 것입니다. 성경을 한 부분 더 찾아보겠습니다. 골로새서 1장 15-17절입니다.

> 그는 보이지 아니하는 하나님의 형상이시요 모든 피조물보다 먼
> 저 나신 이시니 만물이 그에게서 창조되되 하늘과 땅에서 보이는
> 것들과 보이지 않는 것들과 혹은 왕권들이나 주권들이나 통치자
> 들이나 권세들이나 만물이 다 그로 말미암고 그를 위하여 창조되
> 었고 또한 그가 만물보다 먼저 계시고 만물이 그 안에 함께 섰느
> 니라.

예수 그리스도를 가리켜 말씀하고 있습니다. 예수 그리스도는 이 만물이 창조되기 전에 먼저 계셨고, 그분으로 말미암아 이 세상이 창조되었고 이 세상이 그분을 위해 있다고 말합니다. 예수 그리스도 때문에 이 세상이 존재한다는 얘기입니다. 예수님이 눈에 보이는 피조세계도 창조하셨지만 보이지 않는 세계도 창조하셨습니다. 그러므로 '모르퐤'라는 말은 하나님 속에 내재한 신성. 그것이 예수님에게도 동일하게 있다는 의미를 뜻합니다. 그래서 "그는 보이지 아니하는 하나님의 형

상"(15절)이라고 말합니다.

히브리서 1장 1-3절을 보십시오.

> 옛적에 선지자들을 통하여 여러 부분과 여러 모양으로 우리 조상들에게 말씀하신 하나님이 이 모든 날 마지막에는 아들을 통하여 우리에게 말씀하셨으니 이 아들을 만유의 상속자로 세우시고 또 그로 말미암아 모든 세계를 지으셨느니라 이는 하나님의 영광의 광채시요 그 본체의 형상이시라 그의 능력의 말씀으로 만물을 붙드시며 죄를 정결하게 하는 일을 하시고 높은 곳에 계신 지극히 크신 이의 우편에 앉으셨느니라.

오늘날 학문이 복잡해지고 사람들이 더 많이 배우면서 일부 신학자들이 예수 그리스도의 신성 문제에 대해서 다른 말들을 내세웁니다. 그들은 바울이라는 교리 학자가 너무나 예수님을 사모한 나머지 학문을 이용해서 예수님을 하나님 자리에 올려놓은 것이지 하나님이 인간이 된다는 것은 말이 안 된다며 엉터리 학설을 주장합니다.

교회가 건강한지 그렇지 못한지를 판단하는 기준이 두 가지 있습니다. 하나는 기독론입니다. 즉 예수 그리스도를 어떻게 고백하는가 하는 것입니다. 그리고 또 하나는 성경을 어떻게 이해하느냐 하는 것입니다. 가장 교묘하게 조작하기 쉬운 것이 기독론입니다. 예수 그리스도에 대해서 아주 교묘하게 다르게 얘기합니다. 그 끝을 보면 항상 기독론이 다릅니다. 그래서 이 본문은 아주 중요합니다. 예수님은 완전하신 하나님입니다.

하늘의 영광과 십자가 영광

이제 본문으로 돌아가서 빌립보서 2장 6절을 보십시오.

> 그는 근본 하나님의 본체시나 하나님과 동등됨을 취할 것으로 여기지 아니하시고.

'동등하다'라는 말은 '이소스' 또는 '이소매르'라고 표현하기도 하는데 다음과 같은 뜻입니다. 앞에서 살펴본 '몰퐈르'라는 단어는 내재적 속성이 같다는 말인데 '이소스'라는 단어는 화학적 성품과 중량은 동일하나 구조가 다른 것을 의미합니다. 그래서 "동등 됨을 취할 것으로 여기지 아니하시고"라는 말은 예수 그리스도와 하나님이 같은 속성을 가지고 계시지만 두 분이 입고 있는 구조는 다르다는 것입니다. 두 분의 영광의 높이는 같지간 예수 그리스도는 그 영광을 버리고 이 땅에 오셨다는 말씀입니다. 예수님이 버리신 영광을 요한복음 17장 4-5절은 이렇게 얘기합니다.

> 아버지께서 내게 하라고 주신 일을 내가 이루어 아버지를 이 세상에서 영화롭게 하였사오니 아버지여 창세 전에 내가 아버지와 함께 가졌던 영화로써 지금도 아버지와 함께 나를 영화롭게 하옵소서.

이 구절은 기독교적 성공이 무엇인지 가르쳐 줍니다. 예수님은 창세 전에 하나님과 영화로운 영광의 자리에 계셨습니다. 그런데 그 영광을 버리고 이 땅에 오셨습니다. 그리고 아주 유명한 요한복음 17장 4-5절의 중보 기도를 하십니다.

"아버지께서 내게 하라고 주신 일"은 잃어버린 하나님의 백성들을 구원하는 일입니다. 그런데 왜 예수님이 직접 이 땅에 오셔야 했을까요? "모든 사람이 죄를 범하였으매 하나님의 영광에 이르지 못하더니"(롬 3:23)라는 말씀처럼 우리는 원래는 하나님 앞에 영광을 돌려야 할 존재로 창조되었지만, 죄를 지음으로써 하나님의 영광에 이르지 못하게 되었습니다. 그래서 누군가 이 인류가 지은 죄를 대속할 사람이 있어야 하는데 이 땅에는 없었기 때문입니다.

그래서 예수 그리스도께서 친히 오신 것입니다. 레위기 16장을 보면 양 두 마리를 택하여 끌고 제단으로 가기 전에 양 머리 위에 안수를 합니다. '안수'라는 단어의 히브리어는 '밀어 넣다'는 뜻을 가지고 있습니다. 이것은 곧 '내 죄를 전가시키다'라는 의미입니다. 그래서 예수 그리스도는 이 땅에 어린 양으로 오셨습니다. 세례 요한은 "세상 죄를 지고 가는 하나님의 어린 양이로다"(요 1:29)라고 말했습니다.

우리가 마땅히 짊어지고 죽어야 할 그 죄를 그 하나님의 아들에게로 밀어 넣는 것입니다. 죄를 전가시키는 것입니다. 그 역할을 하기 위해 예수 그리스도께서 하늘의 영광을 버리고 이 땅에 오신 것입니다. 하나님이 아들 독생자 예수 그리스도를 이 땅에 보내신 것은 바로 그 목적 때문입니다.

예수님은 "아버지께서 내게 하라고 주신 일을 내가 이루어 아버지를 이 세상에서 영화롭게 하였사오니"(요 17:4)라고 하셨습니다. 그러면 이 세상에서 하나님을 영화롭게 했다는 말은 무엇을 의미하는 것일까요? 우리를 구원했다는 개념이 아니라 하나님 앞에 돌려야 할 가치를 돌렸다는 뜻입니다. 그래서 '영광'이라는 말은 원태 히브리어로 '독사'인데 이것은 '드케오'라는 말로 발전합니다. '도케오'는 '나타나다', '보이다'라는 뜻입니다. 좋은 의견이 나타나고 좋은 것이 보이는 것입니다. 전에는 우리의 영적 눈이 가려지고 어두워서 창조주 하나님의 옳은 것을 보지 못했습니다. 그런데 이제 성령의 도우심으로 우리의 영적 눈이 열렸습니다.

바울은 다메섹 언덕에서 예수 믿는 사람들을 붙잡아 체포하러 올라갈 때 자신이 눈은 떴으나 보지 못했다고 했습니다. 그것이 정확한 우리 인류의 상태였습니다. 그러다가 바울은 초자연적인 강력한 빛에 의해서 어두웠던 눈의 비늘 같은 것이 벗겨지면서 부활의 주님을 만납니다. 하나님께 영광을 돌린다는 말은 나타나고 보이면서 그분께 옳은 가치가 돌아가는 것을 말합니다.

바울이 여기서 말하고 싶었던 것도, 또 예수님이 요한복음 17장에서 말씀하고 싶으셨던 것도 옳은 가치와 옳은 의견이 우리들에 의해서 고백될 때 그것이 하나님 앞에 영광으로 나타난다는 것입니다. 그래서 시편은 대부분 하나님을 칭송하는 내용입니다. 이것이 눈이 벗겨지고 제대로 볼 수 있게 된 사람에게서 나타나는 자연스러운 고백입니다. 눈이 열리면서 입술을 통해 하나님이 하신 일에 대하여 제대로 고백하는 것, 그것이 바로 영광입니다.

예수님이 이 땅에 오셔서 하나님께서 하라고 하신 일을 이루셨습니다. 그런데 그 방법이 어떤 것이었습니까? 십자가에 죽으시는 것이었습니다. 그것이 바로 영광입니다. 우리는 그것을 '십자가의 영광'이라고 말합니다. 그런데 여기서 히브리서 4장 15절을 한번 보십시오.

> 우리에게 있는 대제사장은 우리의 연약함을 동정하지 못하실 이가 아니요 모든 일에 우리와 똑같이 시험을 받으신 이로되 죄는 없으시니라.

하나님의 본질을 가지신 예수님이 인간의 몸을 입고 이 땅에 오셨습니다. 로마의 작은 식민지 땅, 그것도 시골 베들레헴에서 가녀린 한 처녀의 품에 안겨서 아기의 모습으로 이 땅에 태어나셨습니다. 그러나 그 속에는 하나님의 완전한 신성이 충만해 있었습니다. 그리고 완전한 인간이셨습니다.

예수님은 죄 없이 육신의 몸으로 오시기 위해서 처녀의 몸에서 나셨습니다. 만일 남자와 여자가 결합하여 잉태되어 태어나셨다면 아무리 메시아시더라도 아담의 피를 받게 됩니다. 그러면 결국 죄인으로 오시는 것입니다. 우리는 아담의 후손으로 이 땅에 왔기 때문에 모두 죄인입니다. 그러나 예수님은 처녀의 몸에 잉태되었기 때문에 완전한 인간이셨지만 죄는 없으셨습니다. 그리고 그분 안에는 완전한 신성이 충만했습니다.

예수님이 육신을 입고 오신 이유

그런데 예수님은 왜 죄인의 형상을 입고 이 땅에 오셨을까요? 그것은 우리의 연약함을 체휼하시기 위해서입니다. 우리가 당하는 눈물, 고통, 아픔을 모두 겪으시기 위해서입니다. 그런데 예수님이 그렇게 이 땅에 오셔서 자신의 신분을 드러내시며 공생애를 시작하려고 하실 때 사탄이 찾아옵니다. 그래서 예수님께 세 가지를 시험합니다. 첫째는 떡의 문제, 다시 말해서 물질적인 시험입니다. 이 시험은 오늘날 으리 안에도 얼마나 많이 찾아오는지 모릅니다. 물질적인 시험이라는 것은 하나님 자리에 다른 것을 갖다 놓는 것입니다.

 두 번째 시험은 영적인 시험입니다. 그러자 예수님은 "주 너의 하나님을 시험치 말라."고 하셨습니다. 우리는 종종 하나님을 시험합니다. 우리가 고통을 당할 때 가끔 하나님이 침묵하실 때가 있습니다. 그러면 우리는 하나님이 왜 가만히 보고만 계시는지, 왜 도와주시지 않는지 불평합니다. 이것이 바로 시험입니다. 하나님은 우리의 인생을 설계하고 계획하셨기 때문이 우리가 모르는 처음과 나중을 모두 알고 계십니다. 그런데 우리는 그 하나님을 더 의탁하고 신뢰하면서 하나님의 때를 기다리지 못하고 하나님을 자꾸 시험합니다.

 그리고 마지막 시험은 사명에 대한 시험이었습니다. 사탄이 자신에게 절하기만 하면 천하만국을 주겠다며 예수님을 시험합니다. 그것은 시편 2편에서 이미 메시아에 대해 예언되었던 일이었습니다. 사탄이 말씀을 가지고 들이밉니다. 사탄은 우리가 끄떡도 하지 않을 것을 들고 덤벼드는 것이 아니라 우리가 솔깃할 만한 것을 들고 유혹을 합니다. 예수님은 천하만국을 갖기 위해서가 아니라 십자가를 지기 위해서 오셨습니다.

 예수님은 베드로에게 "사탄아 내 뒤로 물러가라 너는 나를 넘어지게 하는 자로다"(마 16:23)라고 말씀하셨습니다. 베드로가 사탄이라는 얘기가 아니라 베드로가 생각한 방법이 사탄적인 방법이라는 뜻입니다. 그러면 어떤 것이 사탄적인 방법일까요? 십자가의 방법 외에 쉬운 길을 가도록 유혹하는 것입니다. 우리의 삶 속에도 얼마든지 그런 유혹들이 있습니다. 사탄은 언제나 우리가 넓고 편안한 길로 가도록 등을 떠밉니다. "나한테 절만 한 번 꾸벅하면 너에게 다 주겠다는데 뭐 그렇게 어렵게 가려고 하냐?"라고 합니다.

세상은 조금만 비겁하게 살면 편하게 살 수 있다고 말합니다. 정말 우리의 현실에서는 조금만 비겁하면, 눈 한 번만 딱 감으면 얼마든지 편하게 살 수 있습니다. 그것이 이 세상 어둠의 권세 잡은 자가 우리로 하여금 십자가 길을 피하게끔 몰고 가는 유혹입니다. 그러나 예수님은 십자가의 길만 택하셨습니다. 그래서 육신의 몸을 입고 이 땅에 오신 것입니다. 베드로전서 2장 21절을 보십시오.

> 이를 위하여 너희가 부르심을 받았으니 그리스도도 너희를 위하여 고난을 받으사 너희에게 본을 끼쳐 그 자취를 따라오게 하려 하셨느니라.

예수님이 우리에게 본을 끼치셨다고 말합니다. '본'이라는 말은 이런 것입니다. 글씨를 처음 배울 때 점선으로 쓰여 있는 글자를 따라서 쓰지 않습니까? 점선을 그대로 따라 써 보면서 글자를 익힙니다. 그리고 옷을 만들 때도 본을 만들어 놓고 본을 따라 천을 잘라서 바느질합니다. 이런 것을 '본'이라고 합니다. 예수님이 육신의 몸을 입고 오신 것은 우리가 그분을 본 받게 하려 하심입니다.

성도 된 우리가 그 십자가의 방법을 피해 살려고 하면 그것은 죽음의 길로 가는 것입니다. 매일 매순간, 예수 그리스도의 본을 따라 살아

감으로 천하만국이 아니라 하늘나라를 얻는 복된 그리스도인이 되시기를 축복합니다.

chapter 11

그리스도의

부요함이

드러나는 자

너희 안에 이 마음을 품으라 곧 그리스도 예수의 마음이니 그는 근본 하나님의 본체시나 하나님과 동등됨을 취할 것으로 여기지 아니하시고 오히려 자기를 비워 종의 형체를 가지사 사람들과 같이 되셨고 사람의 모양으로 나타나사 자기를 낮추시고 죽기까지 복종하셨으니 곧 십자가에 죽으심이라.
빌립보서 2장 5-8절

분량 때문에 빌립보서 2장 5-8절 그리고 9-11절로 나누어 강해하지만 원래는 5-11절이 한 단락입니다. 그런데 앞장에서도 언급했듯이, 이 단락이 성경 전체에서 중요한 이유는 하늘에서부터 시작되어 하늘로 끝나는 단락이기 때문입니다. 결국 중심은 예수 그리스도라는 것입니다.

그리고 십자가의 사건이 하늘과 하늘 사이의 중심 사건인데, 그 사건의 주인공이신 예수 그리스도께서 하늘에서 오셨다가 결국 다시 하늘로 가셨습니다. 그렇기 때문에 5-11절은 하늘에서 시작되어 하늘로서 끝나는 구절이라는 것입니다. 그런데 그 중심 구조는 십자가입니다. 그리고 십자가의 주제는 예수 그리스도입니다.

우리가 사는 이 땅은 불확실한 땅입니다. 우리 삶에 일어나는 모든 일에 대해 그 누구도 확신 있게 얘기할 수 없고 한치 앞에 어떤 일이 일어날지도 알 수 없는 불확실한 세상을 우리가 살고 있는 것입니다. 그렇기 때문에 우리에게 아주 중요한 것은 십자가의 사건입니다. 이것만큼 우리의 중요한 안위와 견고한 근거가 없기 때문입니다. 이에 대해 앞장에서 다루지 못한 부분을 이 장에서 좀 더 살펴보고자 합니다.

먼저 5절을 보십시오.

> 너희 안에 이 마음을 품으라 곧 그리스도 예수의 마음이니.

이 책의 첫 장에서 언급한 대로, 빌립보서는 빌립보 교회가 리더십의 부재 속에서 성도들 간에 서로 마음이 찢어지는 아픔을 겪고 있는 상황에서 사도 바울이 쓴 편지입니다. 지금 빌립보 교회가 처해 있는 위기는 분열입니다. 자꾸 사람을 중심으로 모여서 세력을 만드는 것입니다. 이러한 현상은 하나님을 의지하고 섬기는 겸손한 태도가 아니라 눈에 보이는 사람을 의존하는 교만이 마음속에 깊게 뿌리 내린 결과입니다. 그래서 바울은 빌립보 교인들에게 5절 말씀을 처방해 주고 있습니다.

예수의 마음을 품어야 하는 이유

다음으로 6절을 보십시오.

> 그는 근본 하나님의 본체시나 하나님과 동등됨을 취할 것으로 여기지 아니하시고.

이 구절에서 많은 사람들이 하나님의 본체에 대해서나 하나님과 예수 그리스도의 동등하심에 대해서는 연구를 해 왔지만, '취하다'라는 동사에 대해서는 간과하고 있습니다. 이 '취하다'라는 동사는 어떻게 해석하느냐에 따라 기독론이 달라질 만큼 중요합니다.

예를 들어, 앞에서 언급한 것처럼 교회나 교단의 가르침이 이단인지 아닌지를 구분하는 두 가지 기준이 있습니다. 첫째는 성경론입니다. 성경을 어떤 관점에서 이해하는가 하는 것이 중요한 기준입니다. 그리고 둘째는 기독론입니다. 바로 이 6절은 복음주의 입장에서 기독론과 그 외의 입장에서 기독론이 갈라지는 분깃점이 되어 왔습니다.

그러면 6절을 해석해 보겠습니다. "하나님과 동등됨을 취할 것으로"에서 '취하다'라는 단어의 헬라어는 '하르타크머스'입니다. 그리고 라틴어로는 '레스마피엔다'라고 합니다. 이 단어를 헬라어와 라틴어까지 들어서 설명하는 이유는 그 당시 사람들이 이 단어를 제각기 달리 사용했기 때문입니다. 예를 들어서 '하르타크머스'라는 헬라어를 어떤 학자들은 '레스라피엔다'라고 해석할 때 이것은 '탈취하다'라는 뜻이 되는데, 그냥 탈취하는 것이 아니라 손만 대면 얼마든지 탈취가 가능하다는 개념이 들어 있습니다.

그러면 '취하다'라는 뜻을 그런 뜻으로 썼을 때 "예수 그리스도께서 마음만 먹으면 하나님과 동등하게 되는 위치에 있다."라는 말이 얼핏 들으면 그럴 듯하게 들립니다. 그런데 주님이 동등될 것으로 취하지 않으셨습니다. 얼마든지 손만 대면 탈취 가능한 위치에 있었는데 예수님이 하나님과 동등됨을 취할 것으로 여기지 아니하셨다는 것입니다.

예수님을 가리켜 둘째 아담 또는 마지막 아담이라고 합니다. 그러면 첫째 아담이 누구입니까? 에덴동산에서 창조되었던 인류의 첫 조상을 말합니다. 그런데 그 첫째 아담은 에덴동산에서 하나님과 동등하게 되려다가 어떻게 됐습니까? 죄가 들어와 온 인류에게 사망을 가져오고만 인물이 되었습니다. 그런데 둘째 아담이자 마지막 아담인 예수 그리스도는 동등됨을 취하지 아니하셨다는 말은 예수를 높이 생각하고 예수를 존경하는 것처럼 보이지만 사실 여기에는 고묘한 함정이 있습니다.

이것은 역사적으로 아리우스가 주장한 아담의 기독론입니다. 다시 말해서, 첫째 아담은 하나님과 동등됨을 취하려 하다가 죄로 말미암아 온 인류에게 해악을 끼친 존재라면, 두 번째 아담인 예수 그리스도는 얼마든지 취할 수 있는 위치에 있었지만 그렇게 하지 아니하셨기에 하나님보다는 한 단계 낮고 사람보다는 한 단계 위인 분으로 그리스도를 애매하게 설정했습니다.

그러면 사람보다는 높은 분이라는 것은 인정이 되지만 하나님보다는 못한 분으로 설정해 놓음으로써 삼위일체 예수 그리스도의 지위가 영광과 신분과 지위 면에서 하나님과 동등한 분이심에도 불구하고 예수 그리스도를 하나님의 자리에서 떼어 놓았습니다. 여기서 이단이 나온 것입니다.

'여호와의 증인'이라는 이단도 예수 그리스도가 하나님의 아들이심을 부인하지 않습니다. 그들도 예수님을 하나님의 아들이라고 얘기하고 가르칩니다. 그런데 그들이 말하는 하나님의 아들이라는 말은 우리가 이해하는 하나님의 아들과는 개념이 다릅니다. 앞에서 말한 거처럼 우리보다는 높지만 하나님보다는 낮은 분으로 애매하게 말합니다. 그러므로 우리도 주님의 은혜로 말미암아 예수님처럼 될 수 있다고 설득합니다. 이것이 아리우스의 역사적 이단인 아담의 기독론입니다. 그러므로 이 '취하다'라는 단어를 어떻게 해석하느냐에 따라서 이렇게 기독론이 달라지는 것입니다.

앞에서는 탈취할 수 있지만 탈취 안 한, 손만 대면 가능하지만 그렇게 하지 않다는 뜻으로 해석을 한 반면에, '레스라타'라는 라틴어 해석은 탈취해서 가졌다는 뜻입니다. 손만 대면 가질 수 있는 정도가 아니라 탈취해서 이미 누리고 있다는 것입니다. 그러나 혼자 누리지 않고 "오히려 자기를 비워"(7절)라는 말씀처럼 자기가 스스로 비웠다는 것입니다.

'취하다'라는 단어에 대한 두 가지 견해를 정리하겠습니다. 첫 번째 해석은 '손만 대면 가능하다'라는 것입니다. 이 해석의 함정은 예수 그리스도를 하나님보다는 조금 못하고 인간보다는 조금 더 나은 분으로 보는 것입니다. 인간보다는 조금 더 나은 존재로 올려놓긴 하지만 결국은 하나님보다는 격을 떨어뜨려 놓은 것입니다. 이것은 예수 그리스도 안에 있는 완전한 신성에 대한 정면 도전입니다. 그리스도는 하나님보다 격이 낮은 분이 아닙니다. 예수님은 "나를 본 자는 아버지를 보았"(요 14:9)다고 하셨습니다.

두 번째 해석은 탈취해서 이미 누리고 있다는 것입니다. 이것이 우리가 취하는 해석인데 간단히 얘기하면 "예수 그리스도는 이미 하나님과 동등한 분이다."라는 뜻입니다. 그런데 하나님과 동등하신 분이 혼자 그 영광을 누리지 않으시고 "자기를 비워"(7절)라고 합니다. 이 '비웠다'라는 표현을 많은 사람들이 오해를 합니다. 예수 그리스도가 신성을 포기하신 것으로 오해를 하는 것입니다. 예수 그리스도가 신성을 포기하신 것이 아니라 하나님과 동등한 권위와 영광과 지위를 갖고 계시지만 자기를 제한하여 인간의 죄 된 형상으로 오셨다는 말입니다.

예수 그리스도가 이 땅에 오셨다는 것은 완전한 하나님이 오신 것입니다. 예수 그리스도의 육체 안에는 완전한 신성이 함께 있었다는 말입니다. 실제 역사 안에 오셨던 예수님은 완전한 하나님이자 완전한 인간이었습니다. "자기를 비웠다."는 말은 신성을 포기했다는 뜻이 아닙니다. 하나님의 아들이신 예수님이 우리의 죄를 대속하시려고 십자가에 죽으셨다는 말입니다. 고린도후서 5장 21절을 보십시오.

> 하나님이 죄를 알지도 못하신 이를 우리를 대신하여 죄로 삼으신 것은 우리로 하여금 그 안에서 하나님의 의가 되게 하려 하심이라.

이 말씀에서 바울이 그리스도의 성육신 사건에 대해서 어떻게 해석하고 있는지 살펴보겠습니다. 하나님의 아들이신 예수 그리스도께서 신성을 가지고 죄인의 몸을 입고 이 땅에 오신 것은, 단지 십자가에 죽으심으로써 우리의 죄 문제를 해결하고 구속한다는 신학적 논리와 신학적 명제 때문이 아닙니다. 그 사건이 우리 속에 하나님의 의가 이루어지도록 하기 위해서라는 것입니다. 이를 통해 바울은 삶의 문제를 얘기하고 싶었던 것입니다. 이런 개념에서 고린도후서 8장 9절을 보십시오.

> 우리 주 예수 그리스도의 은혜를 너희가 알거니와 부요하신 이로서 너희를 위하여 가난하게 되심은 그의 가난함으로 말미암아 너희를 부요하게 하려 하심이라.

여기서 예수 그리스도는 원래 하나님의 무한한 영광과 지위와 신분을 가지신 부요한 자로 표현되어 있습니다. 그런데 그분이 가난하게 되셨습니다. 자기를 비우셨습니다. 그 이유가 무엇입니까? 단지 우리를 구원하시기 위해서만 그 사건을 일으키신 것이 아니라 우리로 하여금 부요케 하려 하심이라고 합니다. 그것은 무슨 의미일까요? 그리스도의 영광된 지위에 우리를 동참시키기 위해서 이 성육신 사건이 일어났다는 것입니다.

하나님의 부요가 나타나는 삶

이런 의미에서 우리가 예수를 믿는다는 것이 무엇인지 빌립보서 2장 5절 말씀에 나타나 있습니다.

너희 안에 이 마음을 품으라 곧 그리스도 예수의 마음이니.

그런데 바로 앞 구절에서 무엇이라고 말씀하는지 보십시오.

각각 자기 일을 돌볼뿐더러 또한 각각 다른 사람들의 일을 돌보아 나의 기쁨을 충만하게 하라.

빌립보서 2장 5-12절에서 하늘 이야기에서부터 시작해 십자가의 사건을 이야기하고 다시 하늘 이야기를 하는 것은 무슨 의미가 있는 것일까요? 그것은 예수 그리스도가 우리의 구원자라는 사실을 기초로 그리스도의 의, 그분의 부요가 우리의 부요가 되도록 하기 위한 목적이 있습니다.

이것은 삶의 문제를 의미합니다. 다시 말해서 빌립보서 2장 5-9절의 사건을 바울이 이야기하는 이유는 빌립보 성도들에게 '십자가 구원'이라는 신학적 명제를 던지기 위함이 아닙니다. 그것은 이미 전제하고서 십자가의 사건이 우리의 언어와 사고와 삶의 중심에서 부요하게 일어나도록, 즉 삶이 달라지도록 하기 위해서 이 글을 쓴 것입니다. 그래서 바울은 우리로 하여금 예수 그리스도를 본 받는 삶, 다시 말해 하나님의 부요, 그리스도의 의가 나타나는 삶을 강조하고 있습니다.

이상하게도 신앙생활을 열심히 할수록 세상 사람들에게 별난 사람으로 여겨지는 모순된 풍토가 우리 주변에 있습니다. 그리스도인들이 일상생활에서 상식을 잃어버린 경우들을 종종 보게 됩니다. 이것은 잘못된 것입니다. 신앙이 깊어질수록 덕과 아름다움이 있어야 하는데 오히려 더 기가 세지고 사나워지면 되겠습니까?

가끔 예수님을 믿지 않는 사람들로부터 신앙생활 열심히 하는 사람들을 보면 무섭다는 생각이 든다고 말하는 것을 듣습니다. 참 안타까운 일입니다. 교회에서 직분을 받고 열심히 봉사하는 것도 중요하지만 무엇보다 좋은 사회인이 되십시오. 우리의 삶의 열매를 통해서 주님의 부요가 나타나게 됩니다.

정답이 있는 인생을 살지 말고, 해답이 있는 인생을 사십시오. 정답과 해답은 다릅니다. 정답만 가지고 사는 사람은 그 정답을 가지고 남을 죽이거나 자기 잘난 척하는 것밖에 하지 않습니다. 그러나 해답을 가진 사람은 내면과 인격 속에 모든 것이 녹아져 있는 사람입니다. 그것은 십자가의 정신 즉, 사랑입니다. 바울은 그것을 말하고 싶었던 것입니다. 예수 그리스도가 우리의 구원자라는 사실을 기초로 해서 그 위에 우리가 정말 하나님의 부요를 드러내고 있는지, 그리스도의 의를 드러내고 있는지를 논하고 설명하고자 한 것입니다.

이제 우리의 남은 삶에서 이 역사적 십자가의 사건이 하나의 관념이나 이론으로 머무는 것이 아니라, 삶의 실제가 되고 그 안에서 하나님의 부요가 풍성히 일어남으로 세상에 거룩한 영향력을 끼치는 삶이 되기를 축복합니다.

chapter 12

하나님의

때를

기다리는 자

이러므로 하나님이 그를 지극히 높여 모든 이름 위에 뛰어난 이름을 주사 하늘에 있는 자들과 땅에 있는 자들과 땅 아래에 있는 자들로 모든 무릎을 예수의 이름에 꿇게 하시고 모든 입으로 예수 그리스도를 주라 시인하여 하나님 아버지께 영광을 돌리게 하셨느니라.

빌립보서 2장 9–11절

앞장에서는 하나님과 동등하신 예수 그리스도께서 자신의 신분을 스스로 낮추셔서 영광을 취하지 않으시고 죄인의 몸으로 이 땅에 오셔서 십자가에 죽기까지 순종하셨다는 기독교의 핵심 내용을 살펴보았습니다. 이 장에서는 그렇게 복종하신 예수님을 하나님이 어떻게 높이셨는지에 대해 살펴보겠습니다.

위대한 반전

빌립보서 2장 9-11절은 많은 신학자들이 '위대한 반전'이라고 이름 붙인 성경구절입니다. '이러므로' 라는 접속사는 바로 그 위대한 반전을 암시하는 접속사이기도 합니다. '이러므로' 죽기까지 복종하셔서 십자가에 낮아지신 예수 그리스도를 하나님이 '지극히 높여'라고 합니다. 헬라인들이 이 말을 쓸 때는 단순히 '가장 높다'는 차원이 아니라, 우리의 상상으로 추론하고 유추해서 생각할 수 있는 지위보다도 더 높은 것을 뜻합니다. 이것을 한국어로는 '지극히'라고 표현했습니다. 하나님이 예수 그리스도를 그렇게 높이셨습니다.

여기서 우리는 첫째 아담과 둘째 아담의 시작과 결과를 볼 수 있어야 합니다. 첫째 아담은 어떠했습니까? 그는 하나님의 영광을 탈취하려다가 죄인으로 전락하고 말았습니다. 그러나 둘째 아담은 하나님의 형상을 가진 자로서 그것을 스스로 낮추시고 멀리했을 때, 즉 십자가에 죽기까지 복종하셨을 때 하나님께서 그를 인간의 언어와 개념으로 설명할 수 없을 만큼 높이셨습니다.

둘째 아담의 순종, 이것이 이 땅에 사는 동안 우리가 의식구조 속까지 훈련하고 연습해야 할 중요한 기초입니다. 영광스러운 자리에서 그 영광을 취할 수 있으셨지만 그것을 버리고 십자가에 죽기까지 낮아지신 예수님을 우리가 본받기를 하나님은 원하십니다. 그리고 한 알의 밀알이 되어 죽을 때, 놀라운 열매를 맺게 하시겠다는 하나님의 약속이 그 안에 들어 있습니다.

영적인 공동체에 속한 사람들의 삶은 늘 양보하고 손해 보고 죽는 것 같아 보이지만 하나님은 결국에는 그들을 높이시고 세우십니다. 자신이 먼저 쟁취하려고 하면 하나님은 그것을 못하게 막으십니다. 성경의 역사나, 인간의 역사를 보면 언제나 결국에는 기다리는 사람이 얻게 됨을 볼 수 있습니다. 먼저 쟁취하려 하거나 주장하지 말고 미련해 보일지라도 하나님의 때를 참고 기다리십시오. 기다리는 자가 반드시 얻게 되어 있는 것이 하늘의 법칙입니다.

10절의 "모든 무릎을 예수의 이름에 꿇게 하시고"라는 말은 이사야 선지사가 예언한 내용입니다. 다시 말해서, 이것은 구약시대에 하나님의 창조 계획 속에 예언된 하나님의 결정이었습니다. 이사야 45장 23절을 보겠습니다.

내가 나를 두고 맹세하기를 내 입에서 공의로운 말이 나갔은즉 돌아오지 아니하나니 내게 모든 무릎이 꿇겠고 모든 혀가 맹세하리라 하였노라.

"돌아오지 아니하나니"라는 말은 이루어지지 않고 헛되이 돌아오지 않는다는 뜻입니다. 그리고 "내게 모든 무릎이 꿇겠고 모든 혀가 맹세하리라 하였노라."는 말씀은 빌립보서 2장 10절의 "하늘에 있는 자들과 땅에 있는 자들과 땅 아래 있는 자들로 모든 무릎을 예수의 이름에 꿇게 하시고"와 관련이 있는 내용입니다.

우리 인간뿐만 아니라 악한 영들까지도 결국에는 예수의 이름에 무릎을 꿇게 하는 것은 이미 오래 전에 예언된 하나님의 결정이었습니다. 요한계시록 4장에서 그것이 성취된 것을 보여 줍니다. 요한계시록 4장과 5장은 장차 마지막 심판 이후에 신자와 불신자들 사이에서 일어날 일들을 한 장의 그림처럼 상징적으로 미리 보여 주는 환상을 예언하는 말씀입니다. 요한계시록 4장 전체를 보십시오.

이 일 후에 내가 보니 하늘에 열린 문이 있는데 내가 들은 바 처음에 내게 말하던 나팔 소리 같은 그 음성이 이르되 이리로 올라오라 이 후에 마땅히 일어날 일들을 내가 네게 보이리라 하시더라 내가 곧 성령에 감동되었더니 보라 하늘에 보좌를 베풀었고 그 보좌 위에 앉으신 이가 있는데 앉으신 이의 모양이 벽옥과 홍보석 같고 또 무지개가 있어 보좌에 둘렸는데 그 모양이 녹보석 같더라 또 보좌에 둘려 이십사 보좌들이 있고 그 보좌들 위에 이십사 장로들이 흰 옷을 입고 머리에 금관을 쓰고 앉았더라 보좌로부터 번개와 음성과 우렛소리가 나고 보좌 앞에 켠 등불 일곱이 있으니 이는 하나님의 일곱 영이라 보좌 앞에 수정과 같은 유리 바다가 있고 보좌 가운데와 보좌 주위에 네 생물이 있는데 앞뒤에 눈들이 가득하더라 그 첫째 생물은 사자 같고 그 둘째 생물은 송아지 같고 그 셋째 생물은 얼굴이 사람 같고 그 넷째 생물은 날아가는 독수리 같은데 네 생물은 각각 여섯 날개를 가졌고 그 안과 주위에는 눈들이 가득하더라 그들이 밤낮 쉬지 않고 이르기를 거룩하다 거룩하다 거룩하다 주 하나님 곧 전능하신 이여 전에도 계셨고 이제도 계시고 장차 오실 이시라 하고 그 생물들이 보좌에 앉으사 세세토록 살아 계시는 이에게 영광과 존귀와 감사를 돌릴 때에 이십사 장로들이 보좌에 앉으신 이 앞에 엎드려 세세토록 살아 계시는 이에게 경배하고 자기의 관을 보좌 앞에 드리며 이르되 우리 주 하나님이여 영광과 존귀와 권능을 받으시는 것이 합당하오니 주께서 만물을 지으신지라 만물이 주의 뜻대로 있었고 또 지으심을 받았나이다 하더라.

마지막 날을 바라보는 관점

요한계시록 4장과 5장에 걸쳐 기록된, '마지막 날 일어나게 될 하나님의 일'이라는 그림에 대해서 우리 그리스도인들이 가져할 두 가지 관점을 생각해 보겠습니다.

첫째, 심판은 믿는 사람들에게는 재앙이 아니라 축복이 된다는 것입니다. 이스라엘 백성들이 사백삼십 년 동안 애굽에서 종살이를 하다가 바로가 계속 안 놓아 주니까, 하나님이 마지막 수단으로 열 가지 재앙으로 애굽을 심판하셨습니다. 그 재앙들은 애굽 백성에게는 너무나 무서운 재앙이지만 이스라엘 백성들에게는 복이 되었습니다.

이 땅의 마지막 날에 임할 심판에 대해서도 우리는 정확한 생각을 가지고 있어야 합니다. 우리는 심판을 하나도 무서워할 것이 없습니다. 우리에게 심판은 분명 있습니다. 그러나 그 심판은 우리를 멸망으로 몰아가는 재앙이 아니라 오히려 복이 될 것이기 때문입니다.

그런데 마지막 날에 대한 잘못된 가르침이나 그 교리에 기초한 문화를 보면, 이 땅을 선과 악의 구도로 만들어 놓았음을 볼 수 있습니다. 예를 들어, 영화에서도 이 세상을 선과 악이라는 구도로 놓고 악령이나 악한 적과 격렬한 싸움을 벌임으로써 인간에게 공포심을 불어넣거나 스릴을 느끼게 합니다. 그것은 단지 인간이 상상해서 설정해 놓은 것일 뿐입니다.

우리는 악한 존재들과 싸워서 이겨야 재앙을 피할 수 있는 존재가 아닙니다. 예수 그리스도의 십자가 사건을 믿고 고백함으로 이미 싸움을 이겼습니다. 우리가 혼자 싸워야 하는 싸움이라면 우리는 이미 깨져도 백 번은 더 깨졌을 것입니다. 그러나 우리의 수준과 실력을 아시는 하나님께서 예수 그리스도를 이 땅에 보내셔서 그 싸움을 이겨 주셨습니다. 단지 우리가 해야 할 일은 십자가에서 우리 죄를 위해 죽으신 예수 그리스도를 믿고 고백하기만 하면 되는 것입니다.

둘째, 우리는 하나님이 우리에게 행하신 일에 대해 하나님께 영광을 돌리게 된다는 것입니다. 이에 대한 내용이 빌립보서 2장 11절에 나타나 있습니다.

> 모든 입으로 예수 그리스도를 주라 시인하여 하나님 아버지께 영광을 돌리게 하셨느니라.

우리는 십자가 사건을 통해서 하나님이 하신 그 사랑의 역사에 대해서 찬탄합니다. 하나님이 우리를 향하여 가지신 그 마음을 십자가에서 만납니다. 그래서 이 땅의 모든 구원받은 백성들은 예수 그리스도를 주로 고백하게 됩니다.

하나님이 우리에게 원하시는 것은 예수 그리스도를 주로 고백하고 시인하는 것입니다. 그런데 여기서 '시인'이라는 말은 조금 약하게 번역되었는데 '내가 잘못했다.' 정도의 약한 뜻이 아닙니다. 모든 열망과 부르짖음에 대한 총체적 표현입니다. 그래서 그분께 부르짖고 애통하고 마음을 드리고 고백하고 인정하는 것을 뜻합니다. 그렇게 함으로써 하나님 아버지께서 영광을 받으십니다. 예수님은 "나를 본 자는 아버지를 보았"다고 말씀하셨습니다(요 14:9). 우리에게 임한 모든 구원 사건은 그리스도를 통하지 않고는 이루어질 수 없는 것이었습니다. 예수님이 인류의 유일한 소망이 되신 것입니다.

고난도 기쁨도 하나님의 섭리 안에 있는 복

하나님께서 예수 그리스도를 모든 이름 위에 뛰어난 이름으로 높이셨습니다. 그것은 하나님 아버지의 모든 권한을 아들이신 그분께 위임하신 것입니다. 그런데 장차 우리를 그 아들처럼 대하시겠다고 하셨습니다. 하나님 아버지는 지금 우리를 높이시려고 만반의 준비를 해놓으셨습니다. 그리고 우리에게 원하시는 삶의 중요한 기초가 딱 한 가지가 있는데 그것은 전폭적인 신뢰입니다.

우리는 자꾸만 스스로 무언가를 하려고 합니다. 살 길을 모색하려 합니다. 그러나 하나님 없이 하는 그것들은 모두 부질없고 쓸데없는 것입니다. 수영을 잘 못하는 사람은 자꾸 힘을 줘서 물을 먹습니다. 그런데 수영을 잘하는 사람은 몸에 힘을 다 뺍니다. 그래야 뜨기 때문입니다. 물에 뜨는 방법은 물에 자신을 온전히 맡기는 것입니다.

우리는 둘째 아담이신 예수님의 삶의 모습을 추구해야 합니다. 내가 할 수 있어도 먼저 나서지 않고 기다리고 양보하는 것입니다. 예수 그리스도께서 그 때를 기다리심으로 순종하셔서 하나님이 모든 무릎을 그 이름 앞에 꿇게 하셨습니다. 하나님은 우리에게도 그와 같은 태도를 요구하십니다. 그리고 우리가 순종할 때 장차 보좌에 앉히실 것을 약속하셨습니다.

그날을 위해서 하나님은 우리가 이 땅에서 사는 동안 고난도 허락하십니다. 우리를 온전한 사람으로 만들어 가시기 위해서입니다. 그렇지 않고서는 처음부터 온전하고 선한 사람이 아무도 없기 때문에 하나님은 우리가 육체적으로, 재정적으로 어려움 당하는 것을 허락하시고 지켜보고 계실 때도 있는 것입니다.

그런 고난을 겪으면서 우리는 자신이 아니라 하나님을 의지하며 겸손해집니다. 그러므로 이 땅을 살아가는 하늘의 시민에게 고난은 저주가 아니라 복입니다. 결국은 모든 것이 주 안에서 하나님의 섭리와 목적을 이루는 복이 된다는 사실을 기억하십시오. 그리고 삶의 매 순간 예수 그리스도를 좇아 본 받는 은혜가 있기를 바랍니다.

chapter 13

두렵고 떨리는

사랑의 마음을

가진 자

그러므로 나의 사랑하는 자들아 너희가 나 있을 때뿐 아니라 더욱 지금 나 없을 때에도 항상 복종하여 두렵고 떨림으로 너희 구원을 이루라 너희 안에서 행하시는 이는 하나님이시니 자기의 기쁘신 뜻을 위하여 너희에게 소원을 두고 행하게 하시나니 모든 일을 원망과 시비가 없이 하라 이는 너희가 흠이 없고 순전하여 어그러지고 거스르는 세대 가운데서 하나님의 흠 없는 자녀로 세상에서 그들 가운데 빛들로 나타내며 생명의 말씀을 밝혀 나의 달음질이 헛되지 아니하고 수고도 헛되지 아니함으로 그리스도의 날에 내가 자랑할 것이 있게 하려 함이라 만일 너희 믿음의 제물과 섬김 위에 내가 나를 전제로 드릴지라도 나는 기뻐하고 너희 무리와 함께 기뻐하리니 이와 같이 너희도 기뻐하고 나와 함께 기뻐하라.

빌립보서 2장 12-18절

빌립보서 2장 12절은 '그러므로'라는 접속사로 시작됩니다. 성경에 등장하는 접속사들은 중요한 의미를 가지고 있기 때문에 눈여겨볼 필요가 있습니다. 그 다음에 나오는 내용을 이해하는 데 기초가 되기 때문입니다. 그래서 12절에서 시작되는 '그러므로'는 1-11절 내용을 담고 있는 중요한 접속사이므로 주의 깊게 살펴보아야 합니다.

　1-11절의 주된 내용은 예수 그리스도의 성육신과 십자가에 죽기까지 하신 순종, 그리고 스스로 비우심과 낮아지심에 관한 것입니다. 예수 그리스도께서 십자가에 죽기까지 하신 순종이 이 장에서 다룰 핵심 주제입니다. 그래서 12절에서 바울은 "그러므로', 즉 그리스도께서 십자가에 죽으시기까지 낮아지시고 자신을 비워낸 순종 그것처럼, "나의 사랑하는 자들아 너희가 나 있을 때뿐 아니라 더욱 지금 나 없을 때에도 항상 복종하여 두렵고 떨림으로 너희 구원을 이루라."고 말합니다.

구원은 지금도 이루어지고 있다

　12-14절에서 나타내는 복음의 핵심은 하나인데

우리의 구원에 관한 문제입니다. 우리에게 임한 구원은 세 가지 시제를 갖고 있습니다. 예를 들면 이런 것입니다. 독일이 통일을 했습니다. 그래서 옛날에는 서독과 동독으로 불렸던 국가가 지금은 독일이라는 국가로 통칭되고 있습니다. 그런데 지금 독일이 통일된 지 여러 해가 지났음에도 불구하고 통일을 기념하는 날이 돌아오면 각 신문의 사설과 칼럼들이 "독일, 과연 통일은 되었는가?"라는 타이틀을 달고 있는 것이 많이 보입니다.

이 질문은 다음과 같은 내용을 함축하고 있습니다. "서독과 동독이 오랜 세월을 걸쳐 천신만고 끝에 하나의 국가를 이루어 통일은 되었지만 진정 통일 국가라고 말할 수 있겠는가?" 통일을 한 후로 많은 문제가 발생했습니다. 서독과 동독이 경제난과 실업난에 빠지고 문화의 이질 문제와 같은 여러 가지 부작용이 일어나기 시작했습니다. 그 홍역이 지금까지도 해결되지 못하고 독일 사회를 힘들게 하고 있습니다. 그래서 일부 기득권층에서는 차라리 통일이 안 되었더라면 더 좋았을 뻔했다는 후회의 목소리가 쏟아져 나오고 있습니다. 독일이라는 나라가 통일은 되었지만 진정한 통일 국가가 되기까지는 아직도 험난한 길을 가야 합니다. 실질적으로 아직도 통일이 이루어지는 과정 중에 있습니다.

우리의 구원이 하나님 앞에서 꼭 그와 같습니다. 우리에게는 과거적 구원이 있습니다. 어느 날 우리 의지와 고백과는 상관없이 일방적으로 우리 인생의 한복판에 찾아오셔서 어두웠던 우리의 눈을 여시고 완악했던 마음을 부드럽게 녹이셔서 하나님을 나의 아버지로 고백하게 하시고 지식적으로만 알고 있던 예수 그리스도가 나의 구세주로 가슴 속에 들어오셨습니다.

그 구원은 우리에게 단 한 번 이루어지는 사건입니다. 부흥회 때마다 영접하는 사람들이 있는데, 그것은 구원에 대해 잘못 이해했기 때문입니다. 하나님의 자녀가 되는 구원의 사건은 단번에 이루어지는 사건입니다. 이것을 과거적 구원의 사건이라고 합니다.

그런데 하나님의 자녀가 된 성도가 이제 완전한 구원을 위해서(그렇다고 해서 지금이 하나님의 자녀가 된 구원이 불완전하다는 것은 아닙니다.) 어떤 목적지를 향해서 계속 가야 되는 미래지향적 구원이 있습니다. 이것은 아직 우리에게 도래하지 않은 구원입니다. 그리고 과거 우리 인생의 한가운데 임했던 과거의 구원이 미래를 향해 가는 도중에 현실의 발판 위에 있습니다. 그리고 그 구원은 오늘도 우리에게 이루어지고 있습니다. 서독과 동독이 독일이라는 통일국가가 되었지만 진정한 독일이 되기 위해서 지금도 여전히 하나가 되어가고 있는 과정처럼 우리의 구원도 그렇습니다.

사랑으로 인한 "두렵고 떨림"

이제 사도 바울이 말하고자 하는 본래의 내용이 무엇인지 살펴보겠습니다. 먼저, 12절 앞부분을 보십시오.

> 그러므로 나의 사랑하는 자들아 너희가 나 있을 때뿐 아니라 더욱 지금 나 없을 때에도.

이 구절이 의미하는 내용은 이렇습니다. 바울은 지금 감옥에 갇혀 있습니다. 그래서 빌립보 성도들에게 이 편지를 쓰고는 있지만 그들을 다시 보게 될지는 확신할 수 없습니다. 그가 빌립보 교회를 개척해서 목회를 하고 있을 때는 성도들이 기쁨으로 순종하고 잘 따라주었습니다. 그런데 지금은 갇혀 있는 몸이 되어서, 석방이 되어 다시 성도들의 얼굴을 보게 될지 그냥 여기서 끝나는 건지 기약이 없는 것입니다. 그런 상황에서 바울은 목회자의 심정으로 성도들을 걱정하는 마음으로 얘기하고 있는 것입니다.

우리가 신앙생활을 하면서 철저하게 훈련해 가야 할 중요한 자세는 목회자가 보든지 안 보든지 일관성 있게 열심을 내야 한다는 것입니다. 목회자가 있을 때는 성도들이 열심을 내고 협조를 하고 잘 하는데 없으면 태도가 달라지는 일들이 예나 지금이나 있습니다. 요즘 범죄가 많이 일어나서 유럽, 특별히 영국이나 프랑스 같은 나라에서는 거리의 가로등마다 CCTV를 다 설치해 놓았다고 합니다. 그러고 나니까 범죄율이 프랑스 같은 경우에는 40%가 떨어졌고 합니다. 우리나라도 이미 시도하고 있습니다. 심지어 이제는 아파트 엘리베이터 안에도 거의 CCTV가 설치되어 있습니다.

그러나 신앙생활만큼은 사람들 눈을 의식하는 행태를 버려야 합니다. 이제는 성숙한 태도를 가지고 목회자나 다른 성도들이 아니라 오직 하나님 앞에서 봉사하며 섬기는 훈련을 해야 합니다. 그래서 바울도 "그러므로 나의 사랑하는 자들아 너희가 나 없을 때뿐 아니라 더욱 지금 나 없을 때에도"라고 말하는 것입니다. 그런데 그가 이어서 무슨 말을 하는지 보십시오.

> 항상 복종하여 두렵고 떨림으로 너희 구원을 이루라.

여기서 말하는 구원은 과거나 미래의 구원이 아니라 현재 삶의 구원을 말합니다. 성화, 즉 만들어져 가는 과정을 뜻합니다. 아브라함의 예를 보겠습니다. 창세기 15장 6절에 이런 말씀이 있습니다. "아브람이 여호와를 믿으니 여호와께서 이를 그의 의로 여기시고." 그런데 아브라함이 여호와를 믿는다고 고백하기까지는 아브라함이 알지 못하고 의식하지 못한 사이에 아브라함이 갈대아 우르에 있을 때부터 이미 하나님이 아브라함의 삶을 간섭하고 계셨습니다. 아브라함이 그것을 몰랐을 뿐입니다. 이제야 그것을 아브라함이 깨닫게 된 것입니다. "그분이 창조주 하나님이셨구나!" 오늘날 표현으로 하면 "내가 예수 그리스도를 영접하겠습니다."라는 것과 같은 의미입니다.

그래서 하나님이 "이를 의로 여기셨다"는 말은 "이제 너는 내 자녀다."라는 선언이 이제 공식적으로 이루어졌다는 것입니다. 그러나 사실은 이미 창세 전에 하나님이 아브라함을 선택하신 것입니다. 그리고는 아브라함의 인생에 하나님이 일방적으로 역사하시고 개입하셔서 그를 계속 다루어 오셨습니다. 그리고 이제 그것을 아브라함이 깨닫는 순간 하나님의 자녀가 되었습니다.

그러면 이제 하나님의 자녀가 되었기 때문에 하루아침에 아브라함이 새사람이 되어서 방언기도도 하고 사랑이 넘치고 얼굴에 광채가 나는 삶으로 바뀌었을까요? 그런 사람은 이 세상에 아무도 없습니다. 하나님의 자녀가 되었다고 인정이 된 그 순간부터는 하나님의 자녀인 것은 사실이지만 하나님의 자녀다워지는 것은 이제 시작되는 광야의 훈련입니다.

아브라함이 자녀로서 어떤 훈련을 받았는지 생각해 보십시오. 창세기 15장을 보면 하나님은 자식이 없던 아브라함에게 그의 후손이 하늘에 별과 같이, 바다에 모래같이 많아질 것이라는 약속을 하셨습니다. 그런데 아무리 기다려도 자식이 생기지 않는 것입니다. 그래서 아브라함은 하나님의 약속이 이루어지지 않을까봐 걱정하다가 아내의 말에 넘어가서 첩을 통해 아들을 얻습니다.

그때부터 하나님은 13년이라는 시간 동안 아브라함과 교제를 끊으셨습니다. 하나님이 기나긴 침묵을 깨시고 아브라함에게 나타나셔서 하신 첫마디가 "너는 내 앞에서 행하여 완전하라"(창 17:1)입니다. "내 자녀가 되었으면 나를 신뢰하고 기다렸어야 하는 것 아니냐?" 하시며 안타까운 마음으로 질책하신 것입니다.

그렇게 하나님께 책망을 들은 아브라함이 창세기 22장에서 가서는 자기 목숨보다 귀한 아들 이삭을 바치라는 말씀에 순종합니다. 하나님께 전혀 따지거나 원망하지 않고 아침에 일찍 일어나 아들과 함께 삼일 길을 떠납니다. 하나님이 지시하신 모리아 땅 어느 한 산에 올라가서 아들을 번제로 드리기 위해 칼을 뽑아서 찍어 내리려고 손을 들자, 하나님이 급하게 그를 부르시며 말씀하십니다. "그 아이에게 네 손을 대지 말라 그에게 아무 일도 하지 말라 네가 네 아들 네 독자까지도 내게 아끼지 아니하였으니 내가 이제야 네가 하나님을 경외하는 줄을 아노라."(창 22:12)

창세기 22장에서의 아브라함은 창세기 15장에서의 아브라함과는 완전혀 다른 모습입니다. 이것은 무엇을 보여 줄까요? 우리의 삶이 구원을 이루어 가는 과정입니다. 아브라함이 하나님의 자녀가 되고 나서 모든 일이 잘된 것이 아니라 오히려 엄청난 고난이 닥쳤습니다. 사람은 결코 고난 없이 하나님 앞에 다가갈 수 없는 존재임을 보여 줍니다. 그러나 그 고난조차도 하나님의 섭리 안에 있기 때문에 우리는 두려워할 필요가 없습니다.

12절에 나오는 '두렵고 떨림으로'라는 말은 공포영화 같은 것을 보고 느끼는 두려움이나 떨림을 의미하는 것이 아닙니다. 그것은 사랑에서 나오는 조심스러움을 뜻합니다. 우리는 사랑하는 사람 앞에서는 행동거지를 함부로 하지 않고 조심스럽게 합니다. 가능하면 사랑하는 사람 앞에서 흠이 안 잡히길 원하고 단정한 모습을 보여 주기 원합니다. 우리가 하나님을 사랑한다면 우리의 삶 속에서 그분을 의식해서 언행이나 생각이 조심스러워야 합니다. 우리 안에 예수님을 모시고 조심스럽게 살아가는 의식이 늘 있는지 살펴보아야 합니다.

하나님이 우리를 온전케 하시는 방법

빌립보서 2장 13절을 보십시오.

> 너희 안에서 행하시는 이는 하나님이시니 자기의 기쁘신 뜻을 위하여 너희에게 소원을 두고 행하게 하시나니.

여기서 '행하다'라는 말은 헬라어로 '에네르게인'이라고 합니다. 이 단어에서 'energy'라는 단어가 파생합니다. 에너지, 이것은 행동하는 힘을 의미합니다. 그러므로 "너희 안에서 행하시는 이는 하나님이시니"라는 말은 하나님은 우리 속에서 그분의 의도와 목적과 뜻을 가지고 행동하신다는 뜻입니다. 이것을 미래지향적 하나님의 경륜이라고 합니다. 그래서 우리가 그분의 뜻에 복종하는 삶을 훈련해야 하는 이유는 하나님이 우리의 삶을 붙잡으셨기에 하나님의 의지를 우리 삶속에 이루시기 때문입니다.

칼 바르트라는 신학자는 하나님의 사랑에 대해서 이렇게 정의했습니다. "하나님의 사랑의 대상은 찾는 것이 아니라 만들어지는 것이다." 하나님은 어떤 조건을 따라 사랑의 대상을 찾는 분이 아니라, 외모나 형편 등과 같은 조건과는 아무 상관없이 사랑의 대상을 선택하셔서 작정하시고 만들어 가신다는 것입니다. 이것이 미래 지향적 하나님의 경륜입니다.

대부분의 부모들은 자녀를 키울 때 뭐든지 알아서 하도록 방치해 두지 않습니다. 소원을 가지고 키웁니다. 예를 들어서 자녀에게 음악적 소질이 있다고 하면 소원을 가지고 음악을 마음껏 공부할 수 있도록 환경을 만들어 주려고 애씁니다. 허리띠를 졸라매고 아르바이트까지 해 가면서 레슨비를 마련해 주고 싶은 것이 부모의 심정입니다. 이렇게 소원을 두고 자녀를 키웁니다.

마찬가지로 하나님도 소원을 가지고 우리를 키우십니다. 그러나 하나님의 방법은 이 세상 부모들의 방법과는 다릅니다. 우리 인간이 항상 평안하고 행복한 환경 속에만 있으면 성장하지 못한다는 것을 하나님은 잘 아십니다. 그래서 하나님은 우리에게 죽을 것 같은 광야로 데려가십니다. 그곳에서 고난을 겪으며 논리고 이성이고 체면이고 다

던지고 살려 달라고 하나님께 매달릴 때 하나님은 손을 내밀어 주십니다.

그런 고난을 겪으면서 우리는 하나님 아버지가 얼마나 위대하신지, 우리를 얼마나 사랑하시는지를 배워 가게 됩니다. 우리가 고난을 당할 때 하나님 마음이 왜 아프지 않으시겠습니까? 그러나 그것은 우리 인생을 다루시는 하나님의 방법입니다.

다음으로 14절을 보십시오.

모든 일을 원망과 시비가 없이 하라.

'원망'이라는 단어가 먼저 나오고 '시비'라는 단어가 뒤에 나옵니다. 상식적으로 생각하면 시비를 붙다가 서로 원망할 것 같은데 이 구절에서는 '원망'이 먼저 나옵니다. 성경적 원리는 이 순서가 맞습니다. 모든 시비의 밑바닥에는 원망의 마음이 있는 것입니다. 아담과 하와가 자기들이 죄를 지어 놓고는 결국에는 하나님을 원망했습니다. 이것이 인간의 본성입니다.

그래서 원망의 뿌리에는 하나님에 대한 불신앙이 있습니다. 민수기서에서 이스라엘 백성들이 수없이 엎드러진 현장의 이면에는 반드시 하나님에 대한 원망, 즉 하나님의 주권에 대한 불신앙이 깔려 있었습니다. 힘들고 어려운 일을 겪을 때 누군가를 탓하거나 원망하지 말고 하나님의 주권에 순복하십시오. 그러면 우리의 관계 안에 하나님의 놀라운 평안과 기쁨이 임할 것입니다.

그런데 왜 바울은 "너희 구원을 이루라"고 말한 후에 원망과 시비가 없이 하라는 말을 하는 것일까요? 여기에는 이유가 있습니다. 이스라엘 백성의 출애굽 사건을 생각해 보십시오. 그들이 사백삼십 년 동안 저주의 역사 속에 있다가 구원을 받아서 유월절 캄캄한 밤에 나오던 그날은 얼마나 위대한 날이었습니까? 온 민족이 4대를 거치며 그토록 기다려 온 자유의 시간이 도래한 것입니다. 그들 앞에서는 홍해가 갈라지고 뒤에서 쫓아오던 바로의 병사들은 바다에 빠지는 장엄한 역사의 드라마를 그들은 눈으로 보고 몸으로 경험했습니다. 그래서 미리암을 중심으로 해서 악기란 악기는 다 들고 나와 하나님을 찬미했습니다.

그런데 그런 기적의 현장을 경험한 그들이 얼마 후에 마라의 쓴 물을 마시고는 불평을 합니다. 홍해만 건너면 젖과 꿀이 흐르는 가나안이 나오는 줄 알았는데 죽음의 땅, 광야가 그들을 기다리고 있었던 것입니다.

우리가 구원을 이루어 가며 걸어야 할 땅이 바로 이와 같은 광야입니다. 이러한 인생길에서 원망과 시비가 없이 구원을 이루라는 권고에는 우리를 향한 하나님의 훈련계획이 들어 있는 것입니다. 인간이라는 존재는 고난 없이 자발적으로 하나님 앞에 무릎을 꿇는 존재가 아니라는 것을 하나님이 잘 아십니다.

그래서 구원받은 백성들에게 하나님의 거룩하심과 아버지 되심을 깨닫게 하고 하나님의 자비하심과 풍성함을 삶으로 경험하게 하시기 위해 광야의 길을 걷게 하신 것입니다. 우리가 하나님의 온전한 백성으로 성숙하게 하시는 것이 하나님의 계획입니다. 성경에 정확한 답이 나옵니다. 15절을 보십시오.

이는 너희가 흠이 없고 순전하여 어그러지고 거스르는 세대 가운데서 하나님의 흠 없는 자녀로 세상에서 그들 가운데 빛들로 나타내며.

하나님이 우리를 광야와 같은 척박한 삶의 길로 몰아넣으시는 의도를 두 가지로 설명하고 있습니다. 첫째는 흠 없고 순전한 하나님의 백성으로 만드시기 위해서입니다. '순전하다'라는 표현은 동기나 과정, 모든 결정에 있어서 불순물들이 섞이지 않은 상태를 의미합니다. 헬라어로 '아케라이으이'라고 하는데 이것은 물을 타지 않았다는 말입니다. 바울이 이 글을 쓴 당시에 포도주 만드는 산업이 성행했습니다. 그런데 순도에 따라서 포도주의 가치는 달라집니다. 물을 탈수록 가치가 떨어집니다. 그래서 '아케라기오이'라는 이 표현은 어떤 것이 일절 섞이지 않은 순전한 것이라는 뜻입니다.

둘째는 세상 속에서 빛으로 나타내시기 위함입니다. 여기에 '빛'이라는 단어를 쓴 바울의 의도를 이해해야 합니다. 빛은 환한 불빛이 있는 곳에서는 필요가 없습니다. 어두운 곳에 필요한 것입니다. 우리가 왜 불순물을 뽑아내는 훈련의 과정을 통해서 빛 된 자녀로 만들어져야 될까요? 이 세상이 너무나 어둡기 때문입니다. 하나님이 이 땅의 어두움을 물러가게 하는 빛의 자녀로 쓰시기 위해 우리를 고난을 통해 훈련시키시는 것입니다.

아파 본 사람이 아픈 사람을 위로할 수 있습니다. 인간 관계 때문에 고통을 당해 본 사람이 사람 때문에 힘들어하는 사람을 위로해 줄 수 있습니다. 그러니까 교회에서 누구 빛이 더 밝은가 하는 경쟁을 하지 마십시오. 하나님은 우리를 모두 빛의 자녀로 부르셨기 때문에 교회에서 내가 빛이라고 자랑할 이유가 없습니다. 하나님은 우리가 어두운 데 들어가 빛을 비추라고 부르셨습니다.

제물은 스스로를 위해 존재하지 않는다

마지막으로 16-18절을 보십시오.

생명의 말씀을 밝혀 나의 달음질이 헛되지 아니하고 수고도 헛되지 아니함으로 그리스도의 날에 내가 자랑할 것이 있게 하려 함이라 만일 너희 믿음의 제물과 섬김 위에 내가 나를 전제로 드릴지라도 나는 기뻐하고 너희 무리와 함께 기뻐하리니 이와 같이 너희도 기뻐하고 나와 함께 기뻐하라.

바울이 결론으로 매우 중요한 이야기를 하고 있습니다. 자신을 제물로 표현합니다. 이것은 무엇을 의미할까요? 제물은 스스로를 위해 존재하지 않습니다. 누군가를 위해 쓰여지고 드려져야 가치가 있는 것이 제물입니다. 바울은 우리가 광야의 인생길을 가는 동안 하나님의 거룩한 자녀가 된 것으로 끝나는 것이 아니라 하나님께 드려져야 한다는 것을 얘기하는 것입니다. 병사들을 어려운 훈련을 통해 강한 병사로 만드는 이유는 전쟁에 내보내기 위해서입니다. 그런 전투의 현장을 위해 준비되지 않는 병사는 아무런 의미가 없습니다.

마찬가지로 우리 그리스도인들도 관제로 드려지는 삶, 이타적인 인생이 의미 있고 가치 있음을 말하고 있습니다. 그래서 그리스도인들은 하나님의 축복을 이 세상에 실어 나르는 통로의 역할을 감당하는 사명을 가진 자들임을 전하면서 바울은 이 단락을 끝맺습니다. 이 말씀을 통해 우리의 삶 속에 분명한 방향과 목적이 서워지는 은혜가 있기를 축복합니다.

Part 2

하늘시민,
이 땅을 살다

chapter 14

믿음과 함께

인격이

성숙한다

내가 디모데를 속히 너희에게 보내기를 주 안에서 바람은 너희의 사정을 앎으로 안위를 받으려 함이니 이는 뜻을 같이하여 너희 사정을 진실히 생각할 자가 이밖에 내게 없음이라 그들이 다 자기 일을 구하고 그리스도 예수의 일을 구하지 아니하되 디모데의 연단을 너희가 아나니 자식이 아버지에게 함같이 나와 함께 복음을 위하여 수고하였느니라 (중략) 이러므로 너희가 주 안에서 모든 기쁨으로 그를 영접하고 또 이와 같은 자들을 존귀히 여기라 그가 그리스도의 일을 위하여 죽기에 이르러도 자기 목숨을 돌보지 아니한 것은 나를 섬기는 너희의 일에 부족함을 채우려 함이니라.

빌립보서 2장 19-30절

사도 바울은 선교사이자 신학자이자 목회자로서 신약성경의 절반에 해당하는 부분을 기록했습니다. 그는 성경 기록과 이방 땅의 복음 전파를 위해 하나님이 준비하신 아주 귀한 그릇이었습니다. 그런데 바울이 쓴 여러 권의 성경에는 일관되게 흐르는 하나의 공통점이 있습니다. 그것은 그가 전반부에서는 교리에 관한 내용을 이야기하고, 후반부에서는 하나님 말씀을 어떻게 삶에 적용해야 하는지에 대해 말한다는 것입니다.

그 대표적인 성경이 로마서입니다. 로마서는 열여섯 장으로 구성되어 있는데 1장에서 11장까지는 기독교의 핵심이라고 할 수 있는 교리 부분이고 12장에서 16장까지는 이 교리를 바탕으로 어떻게 살아야 하는지에 대해 기록했습니다.

그가 기록한 모든 서신서는 그와 같은 패턴을 갖고 있습니다. 빌립보서도 그렇습니다. 그래서 앞장까지는 구원의 과거와 현재와 미래의 의미에 대해 교리 차원에서 치밀하게 기록되어 있습니다. 예수 그리스도께서 하나님의 아들로서 어떻게 그 영광의 보좌를 버리고 육신의 몸을 입으시고 이 땅에 오셨는지, 그리고 그 하나님이 어떻게 완전한 인간이시며 동시에 완전한 하나님이신가 하는 부분에 대한 내용입니다.

그런데 이상하게도 2장 19절부터는 뚝 끊기는 느낌으로 시작합니다.

내가 디모데를 속히 너희에게 보내기를 주 안에서 바람은.

이 구절은 바울 사도가 자신의 목회적 상황 또는 개인적인 일들에 관해서 이야기하는 듯이 보입니다. 왜 이렇게 갑자기 분위기를 전환하여 다른 내용으로 바뀌었을까요? 이 장을 시작하면서 언급했듯이, 앞부분까지는 우리에게 임했던 그리스도의 죽으심을 통한 구원을 전제한 교리적 차원의 기술이었고 이제부터는 그렇게 구원받은 백성들이 하나님의 은혜를 어떻게 삶 속에서 구체화하여 적용할 것인지를 얘기하고자 하는 것입니다.

그래서 바울이 개인적인 이야기를 하는 듯하지만, 사실은 개인적인 이야기를 꺼냄으로 하나님의 말씀의 기초를 어떻게 실제로 삶에 녹아 들어가게 해야 하는지 말하고자 하는 의도가 담겨 있는 것입니다.

그리스도 중심 사상, 그리고 삶

19절 전체를 보십시오.

내가 디모데를 속히 너희에게 보내기를 주 안에서 바람은 너희의

사정을 앎으로 안위를 받으려 함이니.

간단한 개인적인 이야기 같은 기록 속에도 바울의 하나님 중심적인 사상과 순종적 삶의 모습을 발견할 수 있습니다. 당시 바울은 로마의 감옥에 체포되어 있는 상황입니다. 그리고 그를 체포해서 로마의 감옥에 집어넣은 장본인은 로마 제국과 그 제국의 황제인 네로입니다. 당시

에는 로마와 네로는 동격이었습니다. 로마가 네로요, 네로가 곧 로마였던 것입니다. 그리고 로마 제국은 당대 어떤 국가도 감히 대적할 수 없는 초강대국이었습니다. 그런 로마의 법정에서 바울은 재판 과정 중에 있었습니다. 그런데 바울이 그런 상황에서 빌립보서를 기록하면서 쓰고 있는 단어를 주의 깊게 보십시오. "내가 디모데를 속히 너희에게 보내기를 주 안에서 바람은"이라고 말합니다. 또, 24절을 보십시오.

나도 속히 가게 될 것을 주 안에서 확신하노라.

바울이 19절과 24절에서 언급한 이 '주 안에서'라는 말은 아주 중요합니다. 바울은 감옥에 갇혀 있는 상태입니다. 그리고 디모데는 빌립보교회에서 목회를 하다가 바울이 갇혔다는 소식을 듣고는 무려 1,200여 킬로미터나 떨어진 먼 거리임에도 불구하고 한숨에 달려 왔습니다. 그 당시 교통수단을 이용해서 빌립보에서 로마까지 오려면 최소한 6주가 걸립니다.

한 달 반이나 걸려 달려온 디모데는 바울 가까이에서 옥바라지를 하고 있습니다. 한때는 바울 때문에 옥에 갇힌 적도 있습니다. 그리고 디모데와 함께 에바브로디도라는 평신도 대표가 왔습니다. 그는 디모데와 함께 왔다가 풍토병에 걸려서 죽을 뻔합니다. 심한 열병을 앓다가 이제 겨우 회복되어가는 중에 있습니다.

그런데 바울이 여기서 빌립보 성도들에게 편지를 쓰면서 중요한 단어인 '주 안에서'를 썼습니다. 이것을 통해 우리는 바울의 철두철미한 '엔크리스토스 사상', 즉 그리스도 중심의 신학과 철학과 사상을 엿볼 수가 있습니다. 당시에 로마의 정세는 굉장히 불안하고 날마다 전정 중에 있었습니다. 그리고 로마의 최고 권력자인 황제 네로는 성격이 변덕스러워 하루아침에도 마음과 결정이 어떻게 바뀔지 모르는 상황 가운데 있었습니다.

이러한 역사적 상황이나 정치적 분위기를 참고해서 "내가 가게 되면 가겠고 아니면 못 갈수도 있다."라고 해도 누가 뭐라 할 사람이 없습니다. 더욱이 바울은 자신이 선택할 수 있는 여지가 전혀 없는, 매여 있는 상황입니다. 그는 로마 법정의 재판 중에 있고 죄수가 되어 있습니다. 그런데도 그는 당당하게 "주 안에서 내가 확신하노라."고 말합니다. 당시의 국제 정세나 로마의 정치적 상황에 대해 언급한 대목은 전혀 없습니다. 그의 의식 속에는 이런 생각뿐입니다. '주께서 나로 하여금 가게 하시면 내가 갈 것이고, 주께서 나로 하여금 여기 머물게 하시면 내가 여기 더 있을 것이다.' 이것은 그리스도인으로서 내 삶의 실제적 주권자가 누군가 하는 의미에서 아주 중요한 고백입니다.

이분법적 사고를 버리라

그런데 바울이 이렇게 신앙만 훌륭한 것이 아니라 신앙과 삶의 절묘한 균형을 발견할 수 있습니다. 19절과 24-27절을 보십시오.

> 내가 디모데를 속히 너희에게 보내기를 주 안에서 바람은 너희의 사정을 앎으로 안위를 받으려 함이니.

> 나도 속히 가게 될 것을 주 안에서 확신하노라 그러나 에바브로디

> 도를 너희에게 보내는 것이 필요한 줄로 생각하노니 그는 나의 형
> 제요 함께 수고하고 함께 군사 된 자요 너희 사자로 내가 쓸 것을
> 돕는 자라 그가 너희 무리를 간절히 사모하고 자기가 병든 것을 너
> 희가 들은 줄을 알고 심히 근심한지라 그가 병들어 죽게 되었으나
> 하나님이 그를 긍휼히 여기셨고 그뿐 아니라 또 나를 긍휼히 여기
> 사 내 근심 위에 근심을 면하게 하셨느니라.

이 말씀을 통해서 바울의 인격적 특징을 엿볼 수가 있습니다. 그것은 문자가 아니라 의미 속에 감추어져 있는데, 바로 인간적인 자연스러움입니다. 바울도 사람이 그리웠습니다. 그래서 에바브로디도가 걸려 있는 향수병에 대해서 이해하고 동정하고 있었습니다. 에바브로디도는 열병을 앓고 있는 터이다가 빌립보 교회가 그리워서 향수병에 걸렸던 사람입니다. 기록에 의하면 그런 에바브로디도를 바울이 야단친 것이 아니라 이해했습니다.

많은 그리스도인들이 가지고 있는 오해 중 하나는 신앙이 좋을수록 덜 인간적이라고 보는 것입니다. 바울의 이 간단한 기록 속에서 너그러움과 인간애가 엿보이지 않습니까? 신앙이 좋을수록 더 인간적이어야 합니다. 신앙이 좋다고 인정받아서 직분을 받게 된 분들은 무엇보다도 다른 사람과 함께 일하는 법을 배워야 됩니다.

본문 말씀에서 바울은 "나와 함께 군사 된 자", "함께 수고하는 자"라는 말을 씁니다. 하나님은 우리에게 일을 맡기실 때, 업적을 성취하게 하시는 것이 아니라 일을 함께 함으로써 우리의 인격이 성숙하도록 하시는 것이 목적입니다. 그런데 우리는 어떤 일을 맡게 되면 자꾸만

성취와 업적을 목적으로 보는 경향이 있습니다. 교회가 그렇게 기능을 따지고 효율을 따지게 되면 교회의 본질을 놓쳐 버립니다. 그러므로 신앙생활의 연륜이 쌓여 갈수록 우리는 인격이 성숙해져야 합니다.

그래서 우리가 자칫 빠질 수 있는 이분법적 사고에서 벗어나도록 바울은 자신의 개인적인 이야기를 하고 있는 것입니다. 바울도 선교사로서 목회자로서 육신을 가진 인간이었습니다. 그에게도 사람에 대한 그리움이 있었고, 향수병에 걸린 사랑하는 성도에 대한 애절한 마음이 있었습니다.

마지막으로 바울이 에바브로디도라는 사람에 대해 말하고 있는데 이 사람에 대해 간단히 살펴보면서 이 장을 마치겠습니다. 25절을 보십시오.

> 그러나 에바브로디도를 너희에게 보내는 것이 필요한 줄로 생각하노니 그는 나의 형제요 함께 수고하고 함께 군사 된 자요 너희 사자로 내가 쓸 것을 돕는 자라.

이것이 평신도 동역자였던 에바브로디도가 바울에게 달려온 목적이었습니다. 그는 빌립보 성도들이 모아 준 선교 헌금을 바울에게 전달하기 위해서 달려온 사람입니다. 그런데 그가 바울 곁에 머물면서 바울의 목회와 선교 활동에 부족한 부분을 채워 주는 역할을 했던 것입니다. 그 정도가 얼마나 되는지 30절에 나와 있습니다.

> 그가 그리스도의 일을 위하여 죽기에 이르러도 자기 목숨을 돌보지 아니한 것은 나를 섬기는 너희의 일에 부족함을 채우려 함이니라.

여기서 바울이 사용한 '목숨'이라는 단어는 헬라어로 '파라볼유에스다이'라고 묘사되어 있습니다. 이 말의 뜻은 원래 '옆에 던지다'입니다. 이는 그가 평신도 대표로서, 목회자인 바울이 목회를 위해 필요로 하는 것들을 채워 주기 위해서 전부 던졌다는 의미입니다. 참 아름다운 모습입니다.

바울과 디모데와 에바브로디도, 이 세 사람이 아름다운 동역자로 묶일 수 있었던 핵심 가치는 영혼에 대한 사랑이었습니다. 결국 진실한 동역의 관계는 양 떼를 얼마나 애정을 가지고 사랑하는가 하는 것입니다. 그런 마음을 같이하여 그들은 생명을 나누는 이상의 동역의 관계와 기쁨을 누렸고 사역의 아름다운 열매를 맺었습니다.

이처럼 우리도 온 교회가 그리스도를 머리로 한 목표를 바라보며 가는 순례길에서 아름다운 동역을 경험하는 은혜가 있기를 주님의 이름으로 축복합니다.

chapter 15

그럼에도

불구하고

기뻐한다

끝으로 나의 형제들아 주 안에서 기뻐하라 너희에게 같은 말을
쓰는 것이 내게는 수고로움이 없고 너희에게는 안전하니라.
빌립보서 3장 1절

빌립보서 3장 1절은 '끝으로'라는 단어로 시작됩니다. 이 단어는 헬라어로 '토 로이폰'입니다. 한국어에서 '끝으로'라는 말은 어떤 이야기를 하다가 마무리를 위해 쓰는 단어이지만 사실 헬라어 원문의 '트로이폰'에 담긴 의미는 그런 것이 아닙니다.

'트로이폰'은 두 가지 용례로 사용됩니다. 한 가지 용례는, 새로운 주제로 넘어갈 때라든지 아니면 서론을 이야기하다가 본론으로 들어가서 정말 중요한 이야기를 하기 위해서 강조하는 말로 쓰입니다. 이를테면 "자, 그래서 이제 정말 중요한 이야기를 할 건데 잘 들으세요."라는 의미입니다. 그리고 또 다른 용례는, 어떤 이론에 대해서 설명을 하고 나서 그에 대한 구체적 적용에 관한 이야기를 할 때 이 단어를 사용합니다.

빌립보서 전체의 구조를 보면 모두 네 장으로 이루어져 있는데 앞장에서 바울이 에바브로디도를 추천하면서 전반부가 끝납니다. 1-2장은 예수 그리스도의 십자가 복음의 핵심 교리를 계속 설명하고 "너희 구원을 이루라."고 강조하는 내용입니다. 그러면 이제 어떻게 해야 할 것인지를 얘기하기 위해 바울은 3장을 시작하면서 '토로이폰' 즉 '끝으로'라는 단어를 사용한 것입니다.

바울이 이 단어를 써서 독자들을 집중하게 한 것으로 보아 그가 이제부터 말하려고 하는 내용은 아주 중요한 것임을 알 수 있습니다. 그것은 "기뻐하라."는 내용입니다. 사실, 빌립보서 전체에서 바울이 전하고자 하는 메시지는 "구원받은 백성들은 기뻐하라.", "기뻐해야 한다."는 것입니다. 그래서 1절 한 절을 가지고 우리가 깊이 생각해 봐야 하는 이유는 우리 그리스도인들에게 이 기쁨이라는 주제가 아주 중요하기 때문입니다.

그리스도 안에 있음을 나타내는 증거

고대 역사를 보면, 왕이 궁궐 안에 있으면 궁궐 문에 깃발을 다는 경우가 있습니다. 그것은 궁궐 안에 왕이 있음을 알려 주는 것입니다. 그리고 왕이 외부로 나가면 그 깃발이 내려옵니다. 깃발이 내려져 있으면 왕이 궁궐 안에 없는 것입니다.

그리스도인에게 기쁨이라는 것은 마치 이 깃발과 같습니다. 그의 삶 속에 예수 그리스도가 계시는지, 안 계시는지를 유일하게 신호해 주는 깃발이 기쁨인 것입니다. 그래서 삶에 기쁨의 깃발이 펄럭이고 있는지를 통해서 그 사람이 정말 그리스도로 인해 충만한 상태에 있는지, 그 안에 예수 그리스도가 왕으로 계시는지를 알 수 있습니다.

바울은 이 빌립보서라는 짧은 서신에 "기뻐하라."는 명령을 아홉 번이나 합니다. 그런데 지금 그가 과연 이 말을 할 수 있는 상황일까요? 바울은 지금 로마의 감옥에 체포되어 있습니다. 로마는 당대 절대 권력을 가진 국가입니다. 그리고 바울은 로마의 시민권을 가지고 있긴 하지만 로마의 관점에서 볼 때는 식민지 국가의 무명 학자에 불과합니다. 그가 옥사한다 해도 별 상관이 없는 사람입니다.

그런 바울이 이제 병들어서 늙어가는 인생의 황혼녘에 이 빌립보 감옥에서 기약 없는 하루하루를 보내고 있는 것입니다. 감옥에서 이름도 빛도 없이 죽을지, 아니면 풀려날 지 전혀 알 수 없는 상황에 처해 있는 것입니다. 또 빌립보 성도들이 오랜 시간 걸려서 에바브로디도 편에 보내 준 위문품을 받으며 도움을 받고 있는 입장에서 "기뻐하라."는 명령을 하고 있는 것입니다. 1절을 보십시오.

> 끝으로 나의 형제들아 주 안에서 기뻐하라.

기쁨에는 세 가지 차원의 기쁨이 있습니다. 첫째는 육체적 기쁨입니다. 몸이 아프던 사람이 의술이나 약을 통해 병이 나아서 기쁘거나, 배가 고팠던 사람이 음식을 먹고 포만감에 희열을 느끼는 것, 이런 것은 육체적 기쁨입니다. 육체적 필요가 충족됨으로 생기는 기쁨입니다. 그런 기쁨은 우리가 하루에도 수십 번 느낍니다.

둘째는 도덕적 기쁨이 있습니다. 딱한 처지에 있는 어떤 사람이 너무나 안쓰러워서 그 사람을 좀 도와줬더니 마음에 기쁨이 생겨나는 것입니다. 이처럼 윤리적, 도덕적 실천을 통해 얻는 기쁨이 있습니다.

그런데 바울이 여기서 말하고자 하는 기쁨은 앞의 두 가지 기쁨이 아니라 세 번째 영적 차원의 기쁨을 말하는 것입니다. 한번 생각해 보십시오. 바울은 지금 아주 처절한 입장에 처해 있으면서 멀리 떨어진 거리에 있는 빌립보 성도들에게 "기뻐하라."고 명령합니다. 가진 자, 강한 자가 아니라 모든 걸 잃은 것 같지만 그 속에서도 "기뻐하라."고 말할 수 있는 권위와 권리를 가졌다는 것은 역설적입니다.

만일 모든 것을 누리고 모든 것이 온전한 사람이 그렇지 못한 사람을 찾아가서 "기뻐하십시오. 감사하십시오."라고 말하면 "너나 가서 혼자 좋아해." 하며 욕할지도 모릅니다. 상식적으로, 현실적으로 기뻐할 만한 처지에 있지 않지만 그리스도 안에서 모든 것을 가졌다고 고백하며 기뻐하는 사람들이야말로 고통과 환란 속에 있는 사람들을 향해서 "기뻐하라."고 말할 수 있는 진정한 권리를 가진 사람들입니다.

상황과 관계없이 기뻐하라

그런데 좀 더 깊이 들여다보면 바울은 자신은 기뻐할 수 없는 환경에 있지만 빌립보 교인들에게 "기뻐하라."고 말하고 있는 것이 아닙니다. 빌립보서 2장 18절을 보십시오.

이와 같이 너희도 기뻐하고 나와 함께 기뻐하라.

이 구절에는 아주 중요한 단서가 있습니다. 바울은 감옥에서 고난을 당하고 있기 때문에 기쁨은 없지만 목회자로서, 선교사로서, 리더로서 빌립보 성도들에게 의례적으로 "걱정하지 마십시오. 언젠가는 좋아지겠죠. 기도해 주세요."라고 말하는 것이 아닙니다. 바울은 그런 차원에서가 아니라 자신의 내면에서 진정으로 넘쳐흐르는 기쁨을 가지고 기뻐할 것을 명령하고 있는 것입니다.

그래서 바울에게 "기뻐하라."는 명령을 받은 빌립보 교인들이 감동을 받을 수 있습니다. 바울은 하나님이 말씀하셨기 때문에 그저 의례적으로 기쁨에 대해 말하는 것이 아닙니다. 바울의 영혼과 인격과 삶 속에 여과되고 녹아져서 빌립보 교인들에게 명령을 하고 있는 것입니다.

그런데 이 기쁨의 전체조건이 무엇일까요? 3장 1절을 보면 "주 안에서"라고 말합니다. 이것은 바울의 중요한 신학사상입니다. 헬라어로 '엔크리스토스', 이 단어는 성경에 132번 나옵니다. 이 단어를 가지고 박사학위를 받은 사람이 셀 수 없이 많을 정도로 바울의 '엔크리스토스' 사상은 중요합니다. 바울은 당대 어떤 학자도 상대할 수 없는 대석학이었습니다. 그만큼 그의 모든 이론은 논리 정연합니다. 그런데 그의 논리 정연함을 벗어나는 초월적 문법 구조가 있는데 그것이 바로 "주 안에서"라는 말입니다.

바울의 글들을 보면 "주 안에서"에서는 비현실적이고 초월적인 문법 구조가 드러납니다. 그것이 가장 강하게 드러나 있는 성경은 에베소서입니다. 에베소서는 바울이 그리스도 안에서의 모든 것을 설명하는데 문법 구조가 엉켜 있습니다. 비록 문법에 맞지 않고 거친 표현이지만 그는 인간의 언어로는 설명할 수 없는 그 무한한 하나님의 영광을 묘사하고 있는 것입니다.

그래서 "주 안에서"라는 말은 기쁨의 첫 번째 조건입니다. 그것은 구원받음으로 인한 기쁨입니다. 우리가 아무리 세상 것들에 대해서 초월하고 기뻐한다 해도 구원이 근거되지 않은 기쁨은 가짜입니다. 그리스도로 말미암지 않은 기쁨은 모조품입니다. 기쁜 척은 할 수 있겠지만 진정한 기쁨은 아닙니다. 그런데 1절에서 다음 부분을 보면 흥미로운 표현이 나옵니다.

> 끝으로 나의 형제들아 주 안에서 기뻐하라 너희에게 같은 말을 쓰는 것이 내게는 수고로움이 없고 너희에게는 안전하니라.

바울이 "주 안에서 기뻐하라."는 말을 처음 한 것이 아니라 여러 번 했다는 것입니다. 그가 같은 말을 그렇게 여러 번 말한 이유는 어떤 것에 길들여지는 데 있어서 반복이 중요하기 때문입니다.

그런데 바울은 기뻐할 것을 명령합니다. 여기에는 중요한 복음적 의도가 있습니다. 사람은 본래 자생적으로 영적인 기쁨을 만들어 낼 수 없는 존재입니다. 우리의 본성은 가만히 두면 자꾸만 어둡고 불안하고 걱정하고 염려하는 쪽으로 마음과 생각이 기울게 되어 있습니다. 그래서 바울은 어떤 조건과 상관없이 기뻐하는 것을 훈련하게 합니다. 우리에게 아무리 기뻐할 조건이 없다 해도 좋은 일을 생각하고, 감사한 일들을 생각하면 정신적인 힘이 생겨납니다.

하나님은 우리가 하나님에 대한 기대를 갖게 하시고 그런 기대를 가진 자녀들에게 응답해 주시고 도와주십니다. 그런데 자꾸 안 될 일만 생각하고 어두운 것만 생각하고 죽을 일만 생각하면 그렇게 되는 것입니다. 그래서 바울이 성도들로 하여금 기쁨을 훈련시키는 것입니다. 다니엘 6장 10절을 보십시오.

> 다니엘이 이 조서에 왕의 도장이 찍힌 것을 알고도 자기 집에 돌아가서는 윗방에 올라가 예루살렘으로 향한 창문을 열고 전에 하던 대로 하루 세 번씩 무릎을 꿇고 기도하며 그의 하나님께 감사하였더라.

다니엘은 바벨론에 포로로 끌려왔습니다. 그런데도 왕의 최측근에서 총리로 일을 하게 되었는데 오랜 세월 동안 바벨론의 왕을 두 명씩이나 보좌하는 특혜를 누립니다. 그런데 6장에서 다니엘이 처한 상황은 그의 정치 생명에 있어서 가장 위기를 만난 때입니다. 지금 정객들이 함정을 파 놓고 다니엘을 끌어내리려고 노리고 있었습니다. 그런 상황 속에서도 전혀 요동치 않고 '전에 행하던 대로' 하루에 세 번씩 고향 땅 예루살렘을 향하여 창문을 열고 무릎 꿇고 기도를 했습니다.

그런데 그의 기도 내용은 감사하는 것이었습니다. 역사를 주관하시는 그 하나님이 선하신 분임을 자신이 체험했기 때문에 자신의 정치적 생명이 오락가락하는 위기 상황 속에서도 그는 기쁨과 감사로 기도할 수 있었던 것입니다. 이것은 하루아침에 이루어진 것이 아닙니다. 전에 행하던 대로 연습되고 훈련된 것입니다.

그래서 그리스도인들이 하나님을 향하여 살아가는 데 중요한 덕목 중 하나는 성실함입니다. 하나님은 성실하지 않은 사람은 절대 역사 속에 쓰신 적이 없습니다. 성실해야 합니다. 자신에 대해서, 다른 사람에 대해서 성실하고, 시간에 대해서 성실한 사람을 하나님이 쓰십니다.

오늘 직면한 우리의 상황과 환경이 아무리 힘겹고 희망이 없어 보여도 성실하게 신앙생활을 하면서 그 모든 역사를 주관하고 계시는 하나님만 바라보면서 기뻐합시다. 하나님은 기뻐하는 자에게 기뻐할 이유를 반드시 주시는 분이십니다.

chapter 16

내가 아니라

예수님을

자랑한다

개들을 삼가고 행악하는 자들을 삼가고 몸을 상해하는 일을 삼
가라 하나님의 성령으로 봉사하며 그리스도 예수로 자랑하고 육
체를 신뢰하지 아니하는 우리가 곧 할례파라.
빌립보서 3장 2-3절

빌립보서 3장 2절에서 바울은 삼가야 될 것들이 대해서 말합니다. "개들을 삼가고 행악하는 자들을 삼가고 몸을 상해하는 일을 삼가라." 이 한 구절 속에 '삼가라'는 표현을 세 번이나 합니다. 그런데 이 문장을 "개들과 행악하는 자들과 몸을 상해하는 일을 삼가라."고 쓸 수도 있었을 텐데 바울은 각각의 항목에 '삼가라'를 언급합니다. 그단큼 세 가지 영역이 모두 중요함을 알려주고 있습니다. 그러면 삼가야 할 세 가지에 대해 구체적으로 살펴보겠습니다.

'개들'은 누구인가?

첫째로 개들을 삼가라고 했습니다. 성경을 보면 안 좋은 표현들은 개와 관련되어 있는 것이 많습니다. 그 예들을 찾아보겠습니다. 누가복음 16장 21절을 보십시오.

> 그 부자의 상에서 떨어지는 것으로 배불리려 하매 심지어 개들이
> 와서 그 헌데를 핥더라

이것은 거지 나사로를 두고 하는 얘기입니다. 그에게 개들이 와서 헌데를 핥더라고 말합니다. 이스라엘은 요즘도 그렇지만 그 당시에는 개

들이 거리에 떼거지로 몰려다녔습니다. 그래서 이스라엘 사람들이 거리에 나갈 때는 작대기를 가지고 다닙니다. 개들이 몰려다니면서 사람을 물기도 하고, 길거리에 누워 있는 거지한테 가서 그 헌데를 핥습니다. 그리고 이사야 56장 11절을 보십시오.

> 이 개들은 탐욕이 심하여 족한 줄을 알지 못하는 자들이요 그들은 몰지각한 목자들이라 다 제 길로 돌아가며 사람마다 자기 이익만 추구하며.

이 구절에서는 백성들을 생각하지 않고 자기 이익만 챙기는 당시 종교 지도자들을 '탐욕스러운 개'로 묘사하고 있습니다. 그리고 미가 선지자는 "이에 물 것이 있으면 평강을 외치나 그 입에 무엇을 채워 주지 아니하는 자에게는 전쟁을 준비하는도다."(미 3:5)라고 하며 당시 선지자들을 고발합니다. 먹을 것을 입에다가 물려주면 축복을 얘기하고 그렇게 하지 않으면 저주와 전쟁을 선포하는, 자기 이익만 도모하는 종교 지도자들을 가리켜 탐욕스러운 개에 비유를 했습니다.

이제는 신약성경에서 개에 대해 묘사하는 곳을 찾아보겠습니다. 마태복음 7장을 6절을 보십시오.

> 거룩한 것을 개에게 주지 말며 너희 진주를 돼지 앞에 던지지 말라 그들이 그것을 발로 밟고 돌이켜 너희를 찢어 상하게 할까 염려하라.

이 구절에서도 개는 불결하고 더러운 짐승으로 이스라엘 사람들에게 각인되어 있음을 알 수 있습니다. 또, 베드로후서 2장 22절을 보십시오.

참된 속담에 이르기를 개가 그 토하였던 것에 돌아가고 돼지가 씻었다가 더러운 구덩이에 도로 누웠다 하는 말이 그들에게 응하였도다.

이것도 결국은 바리새인들과 이스라엘 종교지도자들에 대한 고발인데 여기서 의도하는 것은 회개했다가 또다시 죄를 짓는 행위에 대한 고발입니다. 그래서 빌립보서 3장 2절에서 맨 먼저 나오는 것이 "개들을 삼가고"라는 명령입니다. 이것은 앞에서 몇 구절을 찾아 본 것처럼 사도 바울이 결국 바리새인들과 종교 지도자들을 고발하는 것입니다.

그런데 뒤에서 자기도 그중에 한 사람이었다고 바울은 고백합니다. '개 같은'도 아니고 '개들을'이라며 바울은 직설법을 써서 말합니다. 그러면 그들은 누구입니까? 회개하고 돌아서서 또다시 죄 짓는 사람들, 즉 고쳐지지 않는 존재들, 그리고 항상 자기의 이익만 챙기는 사람들, 이런 사람들을 가리켜 '개'라고 지칭하며 그들을 멀리할 것을 바울은 명령합니다.

둘째로 삼가야 할 사람들은 '행악하는 자들'입니다. '행악하는 자들'이라는 말은 헬라어 원문에 '키프쎄에르'라고 표현되어 있는데, 이것도 당시 부패한 종교의 한가운데 있었던 종교 지도자 그룹들을 말합니다. 이것은 오늘날 우리 그리스도인들에게도 중요한 메시지를 던지고 있습니다. 교회 생활에 익숙해지다 보면 자신도 모르는 사이에 스스로 만든 틀 안에 갇혀서 독선적이 될 수가 있습니다. 그래서 정기적으로 자신을 객관적인 눈으로 바라보는 작업이 필요합니다.

영적 분별력이 중요한 이유

세상에서도 그렇지만 교회 안에서도 한 자리에 너무 오랫동안 있는 것이 그다지 좋은 것만은 아닙니다. 다른 보직도 맡아 보면서 다양하게 경험해 봐야 전체가 어떻게 돌아가는지, 자신의 생각이 어떤지 판단할 수 있게 됩니다. 스스로 자신을 객관적인 자리에 놓는다는 것이 그리 쉬운 일은 아닙니다.

'개'라는 지적을 받고 있는 당시 지도자들이나 선지자들도 자신들이 하나님 앞에서 그런 존재로 지적받고 있다는 것을 꿈엔들 생각했겠습니까. 자기들은 힘써 의를 행한다고 했을 것입니다. 대표적인 인물이 사도 바울의 예전 모습인 사울입니다. 자신은 그리스도를 믿는 자들을 다메섹 도성까지 쫓아가서 핍박하는 행악자였다고 고백합니다. 그리고 요한복음 11장 50-52절을 보십시오.

> 한 사람이 백성을 위하여 죽어서 온 민족이 망하지 않게 되는 것이 너희에게 유익한 줄을 생각하지 아니하는도다 하였으니 이 말은 스스로 함이 아니요 그 해의 대제사장이므로 예수께서 그 민족을 위하시고 또 그 민족만 위할 뿐 아니라 흩어진 하나님의 자녀를 모아 하나가 되게 하기 위하여 죽으실 것을 미리 말함이러라.

저자인 요한이 이런 말을 한 이유는 무엇일까요? 앞부분인 47-49절을 보십시오.

> 이에 대제사장들과 바리새인들이 공회를 모으고 이르되 이 사람이 많은 표적을 행하니 우리가 어떻게 하겠느냐 만일 그를 이대로 두면 모든 사람이 그를 믿을 것이요 그리고 로마인들이 와서 우리

> 땅과 민족을 빼앗아 가리라 하니 그 중의 한 사람 그 해의 대제사장인 가야바가 그들에게 말하되 너희가 아무 것도 알지 못하는도다 한 사람이 백성을 위하여 죽어서.

그 당시 대제사장이었던 가야바가 이런 논리를 폅니다. 예수라는 한 사람이 죽어서 민족이 망하지 않는다면 예수가 죽는 것이 옳다는 것입니다. 정말 그의 말대로 이루어집니다. 그런데 문제는 그것이 이루어졌다는 것이 아니라 가야바의 사고방식입니다. 하나님 나라의 차원에서는 가야바가 한 얘기가 정말이지 말도 안 되는 것입니다. 그러나 그는 민족을 위한다고 한 것입니다. 한 사람을 죽이는 것이 민족을 위하는 것이라면 그 일이 옳은 것이라고 생각한 것입니다.

여기서 우리가 깨달아야 할 것은 영적 차원에서의 분별력이 꼭 필요하다는 것입니다. 교회에서는 윤리가 언제나 옳은 것은 아닙니다. 윤리보다 더 위에 있는 것이 하나님의 뜻입니다. 그런데 가야바는 제사장으로서 하나님의 뜻에는 어긋나는 자신의 논리를 폈고 따랐습니다. 그의 논리는 인간적으로 볼 때는 애국자다운 얘기일지도 모릅니다.

오늘날 우리 사회나 교회에서도 "나라를 위해서", "교회를 위해서"라는 명분을 내세우며 자기 목소리를 높입니다. 그런데 이것이 얼마나 위험한 것인지 모릅니다. 우리는 살아가면서 내 방식, 내 생각이 옳다는 생각을 버려야 합니다. 가야바도 이러한 모순과 함정에 빠졌던 것입니다. 그래서 결국은 그가 얼마나 엄청난 범죄를 저지르게 되었습니까.

바울도 나중에 가서 전에 자신이 모르고 저지른 죄에 대한 고백을 합니다. 디모데전서 1장 13절을 보십시오.

> 내가 전에는 비방자요 박해자요 폭행자였으나 도리어 긍휼을 입
> 은 것은 내가 믿지 아니할 때에 알지 못하고 행하였음이라.

이것이 바울의 훗날 처절한 자백입니다. 자신이 전에는 비방자요 박해자요 폭행자였다고 말합니다. 당시에는 하나님을 위해 열심을 낸 것이었습니다. 그런데 로마서 10장 2절에서 어떻게 말하는지 보십시오.

> 내가 증언하노니 그들이 하나님께 열심이 있으나 올바른 지식을
> 따른 것이 아니니라.

우리도 바울처럼 자기모순과 함정에 빠질 수 있다는 것입니다. 그래서 자기 자신이 개인지, 행악자인지 스스로도 모르고 있을 수가 있음을 바울은 말해 주고 있습니다.

셋째로 삼가야 할 것은 손할례당입니다. 손할례당이라는 것은 육체적 할례 표시를 받은 자들을 말합니다. 당시에 육체적 할례를 받은 사람들은 전부 유대인들입니다. 율법을 목숨 같이 생각함으로 하나님을 잘 공경한다고 생각하는 사람들, 꿈에도 자신이 틀렸다고 생각하지 않는 사람들입니다. 그들의 의의 기준은 겉으로 드러난 행위입니다. 그래서 할례를 받았는지 안 받았는지가 그들에게는 중요한 기준이었습니다.

우리가 할례파다

그런데 놀랍게도 바울이 결론적으로 자신을 가리켜서 '할례파'라고 말하며 그 할례파는 어떤 사람들인지 세 가지를 말합니다. 빌립보서 3장 3절을 보십시오.

> 하나님의 성령으로 봉사하며 그리스도 예수로 자랑하고 육체를 신

쇠하지 아니하는 우리가 곧 할례파라.

첫째는 하나님의 성령으로 봉사하는 사람들입니다. 여기서 '봉사'라는 말의 의미를 생각해 보겠습니다. '봉사'는 'service', 즉 예배를 의미합니다. 우물가에서 만난 사마리아 여인과 예수님의 대화 속에서 예배의 개념이 혁명적으로 바뀌게 되었습니다. '신령과 진정으로' 드리는 예배로 말입니다. 진정이라는 말의 정확한 어근은 '진리'입니다. 신령과 진리로 예배하라는 것입니다.

그 전에 여인이 예수님께 드린 질문은 자기 민족이 어디서 예배하는 게 옳으냐는 것입니다. 사마리아 족속은 과거에 앗수르가 이스라엘을 침공했을 때 피가 섞여서 형성된 민족입니다. 그런 그들을 정통 히브리인들은 개, 돼지 취급을 했습니다. 그래서 그들은 따로 예배를 드리게 되었는데 그곳은 그리심 산입니다. 그리고 정통 히브리인들은 예루살렘에서 예배를 드리기 시작했습니다.

이 오랜 역사가 이어져 오면서 이 두 민족은 무엇이 진정한 예배인지에 대해 끊임없는 논쟁을 해 온 것입니다. 양쪽 다 죽어도 자신들이 틀렸다고 생각하지 않았습니다. 그들의 예배관은 장소적 예배관이었습니다. 쉽게 말해, 본당에서 드리는 예배가 정식 예배이고 소예배실이나 다른 장소에서 드리는 예배는 정식으로 드리는 예배가 아니라는 식인 것입니다. 그들의 예배관은 장소적인 개념에 갇혀 있었습니다.

그래서 사마리아 여인의 질문을 통해서 예수님이 혁명적 사고 전환을 시키십니다. 하나님의 영으로 예배하되 진리로, 즉 하나님의 말씀을 따라서 예배하라는 것입니다. 그 예배는 바로 로마서 12장에 1절에서 말하는 산 제사를 말합니다. 이 산 제사는 두 가지 의미를 염두에 두고 채택된 단어입니다.

그들에게 죽은 제사는 두 가지가 있었습니다. 하나는 말 그대로 죽은 제물을 드리는 구약의 제사인데, 그에 대한 반대 개념으로서 산제사를 말하는 것입니다. 또 하나는, 생명이 없고 순종이 없는 죽은 제사에 대한 반대 개념으로서 산 제사를 말하는 것입니다.

결국 하나님께서 우리에게 요구하시는 진정한 예배란 어떤 것일까요? 성령으로 봉사하며 성령으로 예배를 드리라는 것입니다. 성령으로 예배 드리라는 말은 성령께 붙잡혀서 삶을 드리는 예배입니다. 그것은 바울이 로마서 1-11장까지 말한 치밀한 교리가 실제적인 삶 속에서 나타나는 예배로, 12장 1절에서 표현한 '산 제사'입니다.

두 번째 바울이 말하는 결론은 그리스도 예수로 자랑하라는 것입니다. 그가 이 말을 하는 이유가 있습니다. 그 당시 율법주의자들과 바리새인들은 자랑의 근거를 자기 삶의 행위에 두었습니다. 예를 들어서, 나는 할례를 받았다, 나는 하루에 금식을 몇 번 하고 기도를 몇 번 한다, 이런 식으로 드러나는 행동이 자기 의의 기준이 되고 자랑이 되었습니다. 이것은 복음을 이해하지 못한 사람들의 전형적인 특징입니다.

우리 속에는 자랑할 것이 없습니다. 주님이 우리를 근본적으로 새로 태어나게 하셨기 때문에 우리의 모든 삶은 주님의 은혜로만 가능합니다. 이것이 복음의 의미를 정확히 이해한 첫 번째 표징입니다. "내 삶의 모든 것은 내게 근거가 없다." 이 선언이 신앙의 출발점이 되어야 합니다. 그래서 그리스도 예수로만 자랑해야 합니다.

마지막으로, 육체를 신뢰하지 않는 것입니다. 이 말은 당시의 정통 유대인들을 고발하는 내용입니다. 기도를 몇 시간씩 하고 또 금식을 얼마나 하느냐 하는 외적인 행동을 우리의 의의 기준으로 삼아서는 안 된다는 것을 말합니다.

우리가 복음 안에서 살아가라고 하는 명령을 지키고 그리스도의 복음의 원형인 예수 그리스도만이 우리 안에 넘칠 때 진정한 기쁨이 온다는 것을 늘 인식하며 살아가야 합니다. 우리의 삶이 항상 그리스도만 자랑하고 그분으로 인한 기쁨이 넘치는 복된 인생이 되기를 바랍니다.

chapter 17

그리스도

안에서

발견된다

그러나 나도 육체를 신뢰할 만하며 만일 누구든지 다른 이가 육체를 신뢰할 것이 있는 줄로 생각하면 나는 더욱 그러하리니 나는 팔일 만에 할례를 받고 이스라엘 족속이요 베냐민 지파요 히브리인 중의 히브리인이요 율법으로는 바리새인이요 열심으로는 교회를 박해하고 율법의 의로는 흠이 없는 자라 그러나 무엇이든지 내게 유익하던 것을 내가 그리스도를 위하여 다 해로 여길뿐더러 또한 모든 것을 해로 여김은 내 주 그리스도 예수를 아는 지식이 가장 고상하기 때문이라 내가 그를 위하여 모든 것을 잃어버리고 배설물로 여김은 그리스도를 얻고 그 안에서 발견되려 함이니 내가 가진 의는 율법에서 난 것이 아니요 오직 그리스도를 믿음으로 말미암은 것이니 곧 믿음으로 하나님께로부터 난 의라.
빌립보서 3장 4-9절

빌립보서 3장 4-6절에서 바울은 자신의 자랑할 만한 외적 조건 일곱 가지를 열거합니다. 그러나 이것은 "나도 이 정도는 된다."라는 자랑의 차원에서 말한 것이 아닙니다. 자신이 예수 그리스도로 인해 가치관이 완전히 변하여 그런 육적인 조건들을 모두 해로 여기고 있음을 알리기 위해 언급하고 있습니다. 4-5절을 보십시오.

> 그러나 나도 육체를 신뢰할 만하며 만일 누구든지 다른 이가 육체를 신뢰할 것이 있는 줄로 생각하면 나는 더욱 그러하리니 나는 팔일 만에 할례를 받고 이스라엘 족속이요 베냐민 지파요 히브리인 중의 히브리인이요 율법으로는 바리새인이요.

최고의 육체적 조건을 가진 자

육체적인 조건 중에 맨 먼저 바울은 자신이 할례를 받았다고 말하고 있습니다. 할례를 받았다는 사실은 바울이 아브라함의 후손이라는 것을 증명해 줍니다. 그러므로 이스라엘 사람들이 아브라함의 후손이라고 할 때는 할례 받은 백성임이 전제되어 있습니다. 할례는 아브라함 때부터 시작된 이스라엘 민족의 오랜 전통이기 때문입니다. 나아가 여기에는 "선택 받은 백성이다."라는 사상이 내포되어 있습니다.

다음으로 바울은 자신이 "이스라엘 족속"이라고 말합니다. 이 말은 국가적 차원에서 이스라엘 민족이라는 뜻이 아니라 야곱의 족속이라는 말입니다. 창세기를 보면 야곱이 얍복강가에서 밤새 천사와 씨름하다가 결국은 이름이 이스라엘로 바뀌게 됩니다. 그 이름은 후에 나라 이름이 됩니다. 그러나 바울이 말하는 것은 나라 이름을 뜻하는 이스라엘이 아니라 야곱의 족속을 의미합니다.

그 다음에는 "베냐민의 지파"라고 말하는데, 이렇게 베냐민까지 좁혀지는 것은 다음과 같은 의미가 포함되어 있습니다. 르호보암 시대에 이스라엘은 북이스라엘과 남쪽 유다로 갈라집니다. 이때 열두 지파 중에서 열 지파는 북이스라엘로 붙고 남쪽 유다에는 베냐민 지파가 붙습니다. 그런데 갈라진 이 두 민족 중에 메시아가 남쪽 유다에서 나오게 됩니다. 그래서 바울이 베냐민 지파라고 하는 것은 자신이 메시아가 나신 바로 그 가문 출신이라는 뜻입니다.

그리고 바울은 자신이 "히브리인 중의 히브리인"이라고 말합니다. 이스라엘 사람 모두가 히브리인은 아닙니다. 그래서 "히브리인 중의 히브리인"이라고 말할 수 있으려면 전제 조건이 필요합니다. 이스라엘은 수천 년의 역사 속에서 수많은 외세의 침입을 받았습니다. 아주 험난한 역사를 갖고 있습니다. 외세가 침략할 때마다 나라를 빼앗고 혈통을 말살하기 위해서 강제로 결혼을 시켰습니다.

이것은 이스라엘 민족에게는 간단한 문제가 아니었습니다. 그들에게 이방사람들과 결혼을 했다는 것은 여호와 하나님을 버리고 이방신을 받아들인다는 의미가 들어 있습니다. 예를 들어서, 솔로몬 왕이 많은 이방 여인들을 아내로 맞이했습니다. 그런데 그 여인들은 자기 나라에서 섬기던 신들을 갖고 들어왔습니다. 다시 말해, 이것은 단순히 이방인과의 결혼으로 그치는 것이 아니라 많은 이방신들이 이스라엘 민족의 삶 속에 깊숙이 들어가서 우상숭배에 빠지게 하는 결과를 낳게 된 것입니다.

그래서 "히브리인 중의 히브리인이요."라는 말 속에는 "그럼에도 불구하고 우리는 수천 년 전을 거슬러 올라가서 조상 때부터 이 민족의 험난한 역사 속에서 신앙을 빼앗기고 환란을 당하는 가운데서도 여호와 하나님에 대한 믿음을 저버리지 않고 이방인들과 피를 섞지 않기 위해 애써 왔다."는 전제가 들어 있습니다.

그런데 이제 평화의 시대가 도래하고 이스라엘 땅에도 좋은 시절이 오자 상황은 반전이 됩니다. 외세가 들어오면서 이방신을 받아들이고 결혼을 하는 사람들이 생겨났습니다. 그래서 그들은 역적이 되고 개, 돼지 취급을 받게 된 것입니다. 그 자손들이 신약시대의 사마리아인들입니다.

그런 역사적 배경 속에 "히브리인 중의 히브리인", 즉 정통 유대인들은 험난한 세월 속에서도 신앙의 절개를 지키며 하나님 한 분만 섬겨온 사람들이기 때문에 신앙을 논하는 문제에 관한 한 그들을 맞설 사람들이 없었던 것입니다.

다음으로 바울은 "율법으로는 바리새인"이라고 말합니다. 이것은 쉽게 말해, 경기중·고등학교를 졸업하고 서울대학교, 하버드 대학원을 나왔다는 것입니다. 예수님에 의해 바리새인들이 이미지가 좀 안 좋게 비추어졌지만 사실 당대에는 바리새인 하면 헬라어로 '파리사이오스'라고 하는데 이것은 '구별되는 사람', '분리되는 사람'이라는 뜻입니다. "우리는 하나님을 섬기는 데 있어서 저렇게 하지 말자. 우리는 다르게 살자. 어떻게 하면 하나님을 더 잘 섬길 수 있을까?"라고 고민하는 사람들이 만든 파가 바리새인들이었습니다. 원래는 훌륭한 취지로 출발한 사람들이었습니다.

그런데 시간이 흘러가면서 자기들의 의를 드러내게 되고 기준에 못 미치는 사람들을 정죄하는 사람들이 된 것입니다. 자신들이 다른 사람들보다 낫다는 것을 증명하려 하다 보니 자기 열심이 과장되기 시작하고 그 과장이 자기 의로움이 되기 시작하고, 그러다 보니까 복음과 하나님 사랑의 본질을 놓쳐버려 껍데기만 남은 형식주의자들이 되어버린 것입니다.

교회 생활을 오래 하다 보면 우리 안에도 이런 경향들이 자기도 모르게 나타날 수가 있습니다. 바리새인들은 처음에는 동기가 아주 건강하고 좋았던 사람들이었지만 세월이 흐르면서 변질된 것입니다. 그래서 그들은 예수님께 무서운 심판의 말씀과 질책을 듣게 되었습니다.

십자가 아래 육체적 조건은 아무 소용없다

6절에서 바울은 "열심으로는 교회를 박해하고 율법의 의로는 흠이 없는 자라."고 말합니다. 당시에는 바울을 포함한 그들이 정말 그렇게 살기 위해 노력하고 애썼습니다. 그런데 그런 배경을 가졌던 바울이 예수 그리스도를 만나고 나서 어떻게 변화했는지 고백합니다. 7-9절을 보십시오.

> 그러나 무엇이든지 내게 유익하던 것을 내가 그리스도를 위하여 다 해로 여길뿐더러 또한 모든 것을 해로 여김은 내 주 그리스도 예수를 아는 지식이 가장 고상하기 때문이라 내가 그를 위하여 모든 것을 잃어버리고 배설물로 여김은 그리스도를 얻고 그 안에서 발견되려 함이니 내가 가진 의는 율법에서 난 것이 아니요 오직 그리스도를 믿음으로 말미암은 것이니 곧 믿음으로 하나님께로부터 난 의라.

"나는 예수님을 믿습니다."라는 고백 속에는 반드시 예수 그리스도께서 내 죄를 위해 십자가에서 죽으신 사건과 무덤에 장사되었다가 부활하신 사건과 승천하셔서 나를 온전한 모습으로 다시 데리러 오신다는, 역사적 사건과 분명한 약속이 반드시 전제되어 있습니다. 그런데 간혹 어떤 사람들은 착각을 합니다.

예를 들어, 뉴턴이라는 과학자는 어느 날 사과나무 밑에 있다가 사과가 아래로 떨어지는 것을 보고 만유인력의 법칙을 발견했습니다. 그는 그 법칙을 발견한 것이지 만들어 낸 것은 아닙니다. 그런데 우리는 예수님을 믿는다는 고백이 구원의 조건과 근거가 우리 안에 있다고 종종 착각을 합니다.

이와 관련해서 우리는 고린도전서가 쓰여진 배경을 알 필요가 있습니다. 당시 고린도 교회는 설립된 지 얼마 되지 않은 어린 교회였습니다. 이 교회를 설립하고 나서 바울이 떠나 있는 동안 교회가 문제가 발생했습니다. 분파 싸움이 일어난 것입니다. 게바파(게바는 베드로입니다), 아볼로파, 바울파, 심지어는 예수파까지 등장해서 싸움이 일어났습니다.

이 분쟁은 복음을 가지고 누가 잘났나 하는 싸움에 어린 교회가 걸려든 것입니다. 이 소식을 들은 바울이 너무나 안타까운 마음으로 고린도 교회에 편지를 띄우는데 그것이 고린도전서입니다. 고린도전서 1장에서 바울은 준엄하게 질책합니다. 그런 후에 이렇게 말합니다. 2장 1절을 보십시오.

> 형제들아 내가 너희에게 나아가 하나님의 증거를 전할 때에 말과 지혜의 아름다운 것으로 아니하였나니 내가 너희 중에서 예수 그리스도와 그가 십자가에 못 박히신 것 외에는 아무 것도 알지 아니하기로 작정하였음이라.

여기서도 바울이 하는 얘기는 복음을 전해 준 자도, 복음을 받은 자도 결국은 십자가 사건이 중심이 될 수밖에 없다는 것입니다. 왜냐하면 이 장의 서론에서 언급한 것처럼 우리가 예수님을 믿는다고 하는 고백 속에는 반드시 예수 그리스도의 십자가 사건이 포함되어 있기 때문입니다. 그런데 우리가 예수를 믿는다는 것을 자랑으로 삼다 보니 복음을 율법화하는 일이 벌어지는 것입니다. 이것은 까다로우면서도 중요한 문제입니다. 로마서 3장 19-20절을 보십시오.

> 우리가 알거니와 무릇 율법이 말하는 바는 율법 아래에 있는 자들에게 말하는 것이니 이는 모든 입을 막고 온 세상으로 하나님

의 심판 아래에 있게 하려 함이라 그러므로 율법의 행위로 그의 앞에 의롭다 하심을 얻을 육체가 없나니 율법으로는 죄를 깨달음이니라.

바울은 자신도 육체적 차원에서 자랑할 것은 충분히 있다며 일곱 가지를 나열했습니다. 그런데 로마서 3장 19절에서 "우리가 알거니와 율법이 말하는 바는 율법 아래 있는 자들에게 말하는 것이니 이는 모든 입을 막고"라고 말합니다. 이 말은 하나님이 요구하시는 도덕과 거룩함의 수준에 이르는 사람은 아무도 없다는 의미입니다. 그러니까 스스로 율법적으로 흠이 없을 만큼 잘 지키고 있다고 생각하는 사람은 착각일 뿐이지 율법의 진정한 의미를 모르고 있다는 것입니다. 율법은 결국 우리가 하나님이 요구하시는 공의와 거룩함의 수준에 절대 이를 수 없는 죄인임을 깨닫게 해주는 역할을 합니다.

그런데 계속해서 21절을 보십시오.

이제는 율법 외에 하나님의 한 의가 나타났으니 율법과 선지자들에게 증거를 받은 것이라.

이 구절에 빠져 있는 접속사가 있는데 그것은 '그러나'입니다. 신학자 마틴 로이드 존스는 이 구절을 "the great turning point", 즉 "위대한 전환점"이라고 이름 붙였습니다. 율법으로는 죄를 깨달을 수밖에 없습니다. 그러니까 이 말은 죽음으로 종지부를 찍게 되므로 율법으로는 하나님의 영광에 이를 자가 아무도 없다는 것입니다.

그러나 여기 위대한 전환점인 성경구절에서 우리에게 복음을 제시하고 있습니다. 이것은 바도 앞에서 빌립보서에서 설명하고자 했던 그리스도의 의, 즉 "율법과 선지자들에게 증거를 받은 것"입니다. 결국 우리 인간은 하나님의 율법에 이를 만한 조건이 안 된다는 것을 율법에 의해 깨닫게 되고, 그제서야 율법 외에 하나님의 의가 되신 그리스도를 바라보게 됩니다.

그런데 이어서 22절을 보십시오.

> 곧 예수 그리스도를 믿음으로 말미암아 모든 믿는 자에게 미치는 하나님의 의니 차별이 없느니라.

율법과 선지자들에게 증거를 받은 바로 그분을 소개하고 있습니다. "믿음으로 말미암아 모든 자에게 미치는 하나님의 의니"가 바로 구원의 의미입니다. 그러면 이 구원이 어떻게 우리에게 임하게 되는지 로마서 말씀을 통해 살펴보겠습니다.

구원의 근거는 오직 하나님께 있다

로마서 10장 9-10절을 보십시오.

> 네가 만일 네 입으로 예수를 주로 시인하며 또 하나님께서 그를 죽은 자 가운데서 살리신 것을 네 마음에 믿으면 구원을 받으리라 사람이 마음으로 믿어 의에 이르고 입으로 시인하여 구원에 이르느니라 성경에 이르되 누구든지 그를 믿는 자는 부끄러움을 당하지 아니하리라 하니 유대인이나 헬라인이나 차별이 없음이라 한 분이신 주께서 모든 사람의 주가 되사 그를 부르는 모든 사람에게 부요하시도다 누구든지 주의 이름을 부르는 자는 구원을 받으리라.

우리가 구원을 얻으려면 다른 사람이 대신하는 것이 아니라 본인 스스로가 예수님을 믿는다고 입으로 고백해야 한다고 말합니다. 여기까지는 우리 자신이 믿고 구원받는 문제에 관하여 말합니다. 그런데 14절을 보십시오.

> 그런즉 그들이 믿지 아니하는 이를 어찌 부르리요 듣지도 못한 이를 어찌 믿으리요 전파하는 자가 없이 어찌 들으리요.

이 구절은 전도에 대해 말하는 것 같지만 사실 그것보다 더 중요한 초점이 있습니다. 우리가 마음으로 믿고 입으로 고백하여 구원을 얻게 됩니다. 그런데 그렇게 하는 것조차도 우리 안에서 시작하는 것이 아니라 누군가가 와서 전해 줘야 한다는 것입니다. 다시 말해, 구원의 근거가 우리 안에 있는 것이 아니라 밖에 있다는 것입니다.

그러니까 이것은 나가서 전도하자는 메시지도 될 수는 있지만 그것보다 더 중요한 메시지가 있습니다. 누구든지 주의 이름을 부르는 자는 구원을 얻게 되는데, 그렇게 되려면 누군가가 복음을 전해 주는 것이 선행되어야 한다는 것입니다. 조금 더 나아가 15절을 보십시오.

> 보내심을 받지 아니하였으면 어찌 전파하리요 기록된 바 아름답도다 좋은 소식을 전하는 자들의 발이여 함과 같으니라.

이 구절을 잘 들여다보면 "전하는 자들이여"가 아니라 "전하는 자들의 발들이여"라고 말합니다. 이 표현에는 중요한 신학적 전제가 담겨 있습니다. 이것은 복음을 전하는 사람도 발에 불과하다는 것입니다. 그러니까 복음을 받은 사람도 자신 안에 조건과 근거가 있는 것이 아니고 복음을 전하는 사람도 그가 복음을 설득하고 깨닫게 해 준 것이 아니라 단지 '발'에 불과하다는 얘기입니다.

구원에 문제에 관한 한 사람에게 조건이 없습니다. 복음을 전하는 사람에게 훌륭한 언변이나 정확한 논리가 있어서 복음을 듣는 사람이 구원받게 되는 것이 아닙니다. 바울을 포함한 복음을 전하는 사람은 그저 발에 불과합니다.

복음을 제대로 이해했는지를 판단할 수 있는 가장 중요한 기준은 우리의 자랑거리가 신앙생활이 아니라 오직 십자가인가 하는 것입니다. 우리가 신앙생활을 잘 하고 있다면 그것은 좀 뒤처지는 사람보다 앞서 은혜와 긍휼을 받은 것뿐입니다. 그렇기 때문에 신앙생활에 아직 부족한 부분이 많은 사람을 보면 답답해 보이더라도 기다려 줄 줄 알아야 합니다. 왜냐하면 구원의 조건과 근거가 우리 안에 있지 않고 철저히 하나님께만 있기 때문입니다. 이것을 마음에 새기고 다시 빌립보서 3장 9절을 보십시오.

> 그 안에서 발견되려 함이니 내가 가진 의는 율법에서 난 것이 아니요 오직 그리스도를 믿음으로 말미암은 것이니 곧 믿음으로 하나님께로부터 난 의라.

여기에 '믿음으로'라는 표현도 결국은 믿음 속에 그리스도께서 나를 위하여 대신 고난을 당하시고 십자가에 달려 돌아가신 사건이 전제되어 있습니다. 율법으로는 우리가 죄인이라는 사실을 깨닫게 되는 것입니다.

그래서 그리스도의 오심과 죽으심과 십자가의 사건, 우리는 그 안에서 드러나야 됩니다. 바울이 말한 "그 안에서 발견되려 함이니"는 "이제 내 속에 주님만 사시도록 나를 비워 드린다."는 의미입니다. 우리의 삶의 근거가 육체적인 자랑이 아니라 오직 그리스도의 십자가가 되기를 주님의 이름으로 축복합니다.

chapter 18

예수님의 능력이

삶에

나타나게 한다

내가 그리스도와 그 부활의 권능과 그 고난에 참여함을 알고자 하여 그의 죽으심을 본받아 어떻게 해서든지 죽은 자 가운데서 부활에 이르려 하노니 내가 이미 얻었다 함도 아니요 온전히 이루었다 함도 아니라 오직 내가 그리스도 예수께 잡힌 바 된 그것을 잡으려고 달려가노라 형제들아 나는 아직 내가 잡은 줄로 여기지 아니하고 오직 한 일 즉 뒤에 있는 것은 잊어버리고 앞에 있는 것을 잡으려고 푯대를 향하여 그리스도 예수 안에서 하나님이 위에서 부르신 부름의 상을 위하여 달려가노라 그러므로 누구든지 우리 온전히 이룬 자들은 이렇게 생각할지니 만일 어떤 일에 너희가 달리 생각하면 하나님이 이것도 너희에게 나타내시리라 오직 우리가 어디까지 이르렀든지 그대로 행할 것이라.
빌립보서 3장 10-16절

조직신학은 간단히 말해서 성경의 가장 중요한 교리들을 뽑아서 뼈대를 만들어 놓은 것입니다. 우리 몸으로 치면, 몸의 구조와 살, 그리고 이것을 지탱해 주는 골격과 뼈가 있는 것처럼 조직신학은 우리 신체의 구조, 즉 성경의 구조를 공부하는 학문입니다. 하나님의 말씀을 더 잘 깨닫기 위해 이 학문의 전체 과정을 이해할 필요가 있습니다.

하나님은 하나님의 경륜과 섭리 가운데 그분의 자녀들을 택하셨습니다. 그리고 타락한 자녀들을 구속하시기 위해서 아들 예수 그리스도를 이 땅에 보내셨습니다. 그래서 예수 그리스도께서 십자가에 못 박혀 돌아가신 사실을 믿는 자들을 의롭다고 여기십니다. 이것을 신학적 용어로 '칭의'라고 합니다. '칭의'라는 말은 나의 공로나 행위와 상관없이 오직 은혜로 의롭게 여겨져서 하나님의 자녀로 선언되는 것을 말합니다. 이것은 신분이 바뀌는 것입니다. 과거에는 어둠의 권세 아래 있던 우리가 하나님의 자녀가 된 것입니다.

그러면 하나님의 자녀가 된 후에는 어떤 과정이 필요할까요? 하나님의 자녀답게 살아가는 과정이 따라와야 합니다. 그래서 이 장에서 살펴볼 내용은 구원받아 하나님의 자녀가 된 우리는 어떻게 살아야 되는가 하는 것입니다. 이러한 주제를 염두에 두고 10절을 보십시오.

> 내가 그리스도와 그 부활의 권능과 그 고난에 참여함을 알고자 하여 그의 죽으심을 본받아.

하나님을 아는 것이 힘

이 짧은 구절에 복음의 진수가 녹아져 있습니다. 핵심 단어들을 살펴보겠습니다. '그리스도', 그리스도는 우리 인생의 주어가 되십니다. 그리고 '부활', 부활이 없다면 기독교가 존재하지 않습니다. 그 다음에 '권능', 이 얼마나 흠모할 만한 복된 단어입니까? 또, '고난', 이것은 예수님이 십자가에서 죽으심을 말합니다. 그리고 '참여함'과 '그의 죽으심', '본받아'가 있습니다. 짧은 한 구절 속에 보석 같은 기독교의 진수들이 녹아져 있습니다.

그런데 모든 단어가 다 중요한 이 구절에서 바울이 특별히 더 주의를 기울이는 말은 뜻밖에도 '알려 하여'입니다.

바울은 "내가 그리스도에 대해서 알고자 하여"라고 말하지 않고 "내가 그리스도를 알고자 하여"라고 말했습니다. 이것은 비슷한 말 같지만 원문을 보면 아주 다른 의미를 가지고 있습니다. 예를 들어서, "송태근 목사에 대해서 알고 싶다."는 말과 "송태근 목사를 알고 싶다."는 말은 완전히 다른 뜻입니다. "~에 대해서 알고 싶다."는 것은 지식적인 앎을 의미합니다. 그가 어디에 사는지, 학벌은 어떻게 되는지, 외모는 어떤지에 대한 것을 의미합니다.

그런데 "~을 알고 싶다."는 것은 그런 지식적인 정보가 아니라 직접

적인 관계에서 나오는 주관적인 앎입니다. 그렇게 하려면 삶을 함께해 봐야 합니다. 이런 의미에서 바울은 그리스도에 대해 지식적으로 알고 싶다는 것이 아니라 그분을 인격적으로 깊이 만나고 싶다는 것입니다. 빌립보서를 쓸 당시에 바울은 많은 교회를 개척했고 성도들에게 하나님 말씀을 전하고 가르치면서 자기 자신도 그것을 붙잡고 살았습니다. 당대에 구약성경을 바울만큼 정확히 해석하고 가르치는 사람이 없었습니다. 그런 그가 그리스도를 알고자 한다는 것은 무엇을 의미하는 것일까요?

남자와 여자가 만나서 서로에게 호감이 생기면 상대방을 더 많이 알고 싶은 욕구가 일어나게 됩니다. 그래서 데이트를 하다가 사랑하는 마음이 커지면 결혼해서 같이 살고 싶은 열망이 생기게 됩니다. 바울이 여기서 갖고 있는 열망이 바로 이런 것입니다. 예수님 믿고 예수님 사랑해서 쫓아다니다 보니까 항상 함께 있고 싶고 그분을 더 많이 알고 싶은 것입니다.

많은 그리스도인들이 속고 있는 것이 있습니다. 신앙생활 몇 십 년 한 것을 자신의 실력으로 착각하고 자랑하는 것입니다. "우리 집은 신앙이 4대째야." 이런 식으로 말입니다. 그 대표적인 예가 히브리인들인데 히브리서는 그들을 향해 이렇게 말합니다. "때가 오래 되었으므로 너희가 마땅히 선생이 되었을 터인데 너희가 다시 하나님의 말씀의 초보에 대하여 누구에게서 가르침을 받아야 할 처지이니 단단한 음식은 못 먹고 젖이나 먹어야 할 자가 되었도다."(히 5:12). 신앙생활을 오래 하셨습니까? 수없이 많은 설교를 들으셨습니까? 성경에 대한 풍성한 지식을 갖고 있습니까? 그것들이 절대 우리의 실력이나 자랑할 만한 조건이 될 수 없습니다. 직접 하나님을 경험하여 아는 것, 그것이 진정한 신앙이요, 힘입니다.

그리고 바울이 알고 싶어한 것이 또 있는데 그것은 "부활의 권능"이라고 말합니다. 이것은 바울이 당시 세계관을 염두에 두고 한 말입니다. 그 당시에는 세 가지의 세계가 있었습니다.

첫째, 헬라인들은 지혜를 자랑했습니다. 헬라어를 보면 문법 체계가 풍부합니다. 하나님이 헬라어로 성경을 기록하게 하신 이유가 있는데 '로고스'라는 개념을 표현할 수 있는 유일한 언어였기 때문입니다. 이런 특성으로 인해 헬라에는 철학자가 많았고, 헬라인들은 고린도 지방을 중심으로 해서 성행한 갖가지 사상과 철학과 논쟁들에 익숙해져 있었습니다. 그래서 그들은 지혜를 자랑합니다.

둘째로 유대인들은 종교를 자랑했습니다. 그들에게는 아브라함의 후손이라는 뿌리 깊은 정서가 있었습니다. 아브라함의 자손이라는 것은 곧 택함 받은 존재, 선민이라는 것입니다. 그래서 그들은 선민사상을 가지고 자신들의 종교를 자랑했습니다.

그런데 바울이 빌립보서를 쓰던 시대에는 이 유대이즘이나 헬레니즘이 사실상 저물어 가던 때입니다. 당시 로마 사람들은 힘을 자랑했습니다. 힘이 정의이자 진리이고 힘이 지배하던 세상이었습니다. 그래서 로마는 권력을 자랑했습니다. 이러한 이유로 바울이 단순히 "부활"이라고 쓰지 않고 "부활의 권능"이라고 표현한 것입니다. 이것은 바울이 당시 힘으로 세상을 평정했던 로마의 세계관을 염두에 두고서 우리가 가진 부활에 대한 소망, 이것이야말로 세상을 살아가는 데 있어 우리의 진정한 권력임을 이야기하는 것입니다.

부활의 능력과 현재성

오늘날 우리가 믿는 부활이 우리의 삶 속에서 그렇게 힘을 발휘하고 있는지 되돌아보십시오. 부활은 장래 일어날 일들에 대한 약속 거음과 같은 것이 아닙니다. 그것은 현재 우리 삶 속에서 힘과 능력을 갖는 것입니다. 이에 대해 바울은 말합니다. 11절을 보십시오.

어떻게 해서든지 죽은 자 가운데서 부활에 이르려 하노니.

여기에 '부활'이라는 단어가 나오는데 바로 앞 구절에서도 나옵니다. 그런데 한글로는 똑같은 '부활'이지만 원문을 보면 각각 다른 의미의 단어로 표현되어 있습니다. 원문을 보면 10절에는 전치사가 없고 11절에는 '에크'라는 전치사가 있습니다. 그러면 10절의 '부활'과 11절의 '부활'은 어떻게 다를까요?

'에크'라는 전치사가 들어가면 두 가지 해석이 가능합니다. 첫째는 '놓여 있다'와 '서 있다'입니다. 그런데 그 당시 이 두 가지 의미를 헬라인들은 죽은 사람을 가리킬 때 사용했습니다. "사람이 누워 있다." 하면 그것은 죽은 사람을 뜻하는 것입니다. 그런데 '사람이 서 있다." 하면 그것은 살아 있는 사람을 가리키는 것입니다. 그래서 이 '에크 부활'이라는 말은 "죽은 자 가운데서 살아 있는 자로서 눈에 띄다."라는 뜻이 됩니다.

이것이 바로 부활입니다. 바울은 이 세상의 모든 생명 없는 자들을 죽은 자로 보고 그 가운데 그리스도의 생명을 가진 자가 살아 있음을 이야기합니다. 이것은 우리 그리스도인들이 이 죽은 세상 속에서 살아 눈에 띄어야 한다는 것입니다. 이것이 부활의 현재성입니다.

그러니까 부활이라는 것은 우리가 생각하는 것처럼 보험이나 약속 어음 정도의 개념이 아니라 오늘도 죽어 있는 이 세상 속에서 생명을 가진 산 자로서 눈에 띄는 삶을 뜻합니다. 그러면 그것이 어떤 삶일까요? 10절을 다시 보십시오.

> 내가 그리스도와 그 부활의 권능과 그 고난에 참여함을 알고자 하여 그의 죽으심을 본받아.

여기에 '고난'이라는 말이 나옵니다. 예수님이 고난을 받으셨다는 것은 우리의 죄를 위해서 대신 죽은 십자가의 대속의 죽음을 말합니다. 그런데 바울이 "그 고난에 참여함을 알고자" 한다는 말은 감히 예수 그리스도께서 죽으신 그 대속의 죽음에 동참하고 싶다는 뜻이 아닙니다. 여기에는 뜻밖에도 단순함과 심오함이 있습니다. 말하자면 이런 뜻입니다. 우리가 예수 그리스도의 은혜를 입는 순간 우리는 주님의 편이 되는 것입니다. 그래서 주님 편에 서서 살겠다는 뜻입니다.

우리나라가 과거에 독재정권 시대일 때는 정권의 반대편에 서서 올곧은 소리를 한다는 것은 고난을 감수해야 하는 일이었습니다. 마찬가지로 불의가 득세하는 세상 속에서 그리스도인은 예수편이 된 것입니다. 그 순간부터 이 세상 권세 잡은 자들이 우리에게 불이익을 당하게 합니다. 우리의 삶의 현장에서 얼마든지 벌어지고 있는 일입니다. 예수 믿는다는 것 때문에 손해와 불이익을 당하는 것이 고난입니다.

그런데 자신이 잘못하거나 미련해서 당하게 되는 어려움을 그런 고난으로 착각하는 사람들이 있습니다. 성경은 "너희는 뱀 같이 지혜롭고 비둘기 같이 순결하라"(마 10:16)고 말합니다. 예를 들어, 직장생활과 신앙생활을 균형 있게 하기 위해서는 지혜로울 필요가 있습니다. 그러나 진리를 붙잡고 하나님 편에 섰기 때문에 당하는 불이익들은 고난이라 말할 수 있습니다.

기업들이 직원을 채용하기 위해 면접을 봅니다. 그런데 어떤 기업은 교회에 나간다고 하면 일단 감점을 준다고 합니다. 조직의 화합에 장애 요인이라고 판단해서랍니다. 왜냐하면 그 사람을 채용하면 주일날 회사에서 무슨 일이 있어도 교회에 간다고 빠지게 될 것이고 술을 먹는 회식 자리에도 적극적으로 참여하지 않게 될 수 있는데 그러면 전체 팀워크나 분위기를 흐리게 할 가능성이 크다는 것입니다. 틀린 말은 아닙니다. 그리고 예수님을 믿지 않는 사장의 입장에서는 이해가 됩니다. 어쨌든 그런 것들로 인해서 그리스도인들이 불이익을 당하는 것은 이 세상에 얼마든지 있습니다.

그러나 고난에 참여하지만 동시에 우리는 그런 고난과는 비교할 수 없는 부활의 권능에도 참여하게 됩니다. 하늘 시민인 우리가 이 땅을 승리하며 살아가는 비결은 현재의 고난에 초점을 맞추지 말고, 장차다가 올 부활의 영광에 초점을 맞추는 것입니다. 죽어 있는 이 세상 속에서 우뚝 서서 눈에 띄는 빛과 소금의 존재로 날마다 지혜롭게 살아가면서 부활의 권능으로 승리하는 삶이 되기를 바랍니다.

chapter 19

복음을 위해

자유를

절제한다

형제들아 너희는 함께 나를 본받으라 그리고 너희가 우리를 본받은 것처럼 그와 같이 행하는 자들을 눈여겨 보라 내가 여러 번 너희에게 말하였거니와 이제도 눈물을 흘리며 말하노니 여러 사람들이 그리스도의 십자가의 원수로 행하느니라 그들의 마침은 멸망이요 그들의 신은 배요 그 영광은 그들의 부끄러움에 있고 땅의 일을 생각하는 자라 그러나 우리의 시민권은 하늘에 있는지라 거기로부터 구원하는 자 곧 주 예수 그리스도를 기다리노니 그는 만물을 자기에게 복종하게 하실 수 있는 자의 역사로 우리의 낮은 몸을 자기 영광의 몸의 형체와 같이 변하게 하시리라.
빌립보서 3장 17-21절

이 장의 본문 말씀을 살펴보기 전에 앞 구절인 빌립보서 3장 16절을 잠깐 보겠습니다.

오직 우리가 어디까지 이르렀든지 그대로 행할 것이라.

여기서 '그대로'라는 말은 헬라어로 '스토이케인'입니다. 앞에서 빌립보서의 역사적 배경을 살펴볼 때 언급했듯이 빌립보서에는 군사용어가 아주 많이 나옵니다. '스토이케인'이라는 말도 군사용어입니다. 이것은 군대에서 줄지어 설 때 썼던 단어입니다. 줄을 설 때는 반드시 기준이 있습니다. 여기서 '그대로'라는 말은 일정한 간격을 두고 줄을 설 때 앞사람과 옆사람을 본다는 의미를 가지고 있습니다.

이어서 바울은 이렇게 말합니다. 17절을 보십시오.

형제들아 너희는 함께 나를 본받으라.

바울은 "본받으라."는 말을 자주 합니다. 이 말로 인해 그가 교만한 것 아닌가 하고 오해하기 쉬운데, 바울은 "내가 이 정도 되니 나를 본받으라."는 뜻으로 한 말이 아닙니다. 앞에서 말했듯이, 줄을 설 때 기준을 보고 서야 하는 것처럼 우리 인생의 유일한 기준인 예수 그리스도를 본받는 바울 자신을 본받으라는 말입니다.

지도자는 앞에 선 자로서 큰 부담을 갖게 됩니다. 교회 안에서 목사나 장로, 권사 같은 직분을 가지고 앞에 세움을 받은 사람들이 있습니다. 그들 뒤에 따라오는 사람은 그들을 기준으로 삼을 수밖에 없습니다. 예수님을 바라보는 지도자들을 보고 살아가는 것입니다.

자유를 절제하는 기준

그런데 바울이 똑같은 얘기를 다른 데서도 합니다. 고린도전서 11장 1절을 보십시오.

> 내가 그리스도를 본받는 자가 된 것 같이 너희는 나를 본받는 자가 되라.

이 말을 할 때 바울은 어떤 문제를 염두에 두고 있었습니다. 고린도전서 11장은 8장에서부터 그는 음식 문제에 관해 얘기를 해 왔습니다. 그 정도로 음식 문제가 교회 안에서, 나아가 사회에서 분열을 초래할 정도로 상당히 심각했던 것입니다. 예를 들어, 시장에서 매매되는 모든 고기는 제단에 우상숭배할 때 바쳐졌던 제물이었습니다. 그런데 그리스도인으로서 이런 고기를 먹는 것이 옳은 일인지 아닌지 같은 논란이 막 태동한 어린 교회 속에서 일어났습니다.

우리나라에도 최근까지 이와 비슷한 문제들이 있었습니다. 제사 지냈던 음식들을 먹어도 되는가 안 되는가 하는 것이지요. 오늘날에는 자신의 믿음에 따라 연약한 성도들을 배려하면서 행동하면 큰 문제가 되지 않지만 그 당시에는 주관적인 견해의 차원이 아니라 이단 논란까지 일어나는 문제였습니다. 이에 대해 성경은 어떻게 대답하는지 살펴보겠습니다. 로마서 14장 1-4절을 보십시오.

> 믿음이 연약한 자를 너희가 받되 그의 의견을 비판하지 말라 어떤 사람은 모든 것을 먹을 만한 믿음이 있고 믿음이 연약한 자는 채소만 먹느니라 먹는 자는 먹지 않는 자를 업신여기지 말고 먹지 않는 자는 먹는 자를 비판하지 말라 이는 하나님이 그를 받으셨음이라 남의 하인을 비판하는 너는 누구냐 그가 서 있는 것이나 넘어지는 것이 자기 주인에게 있으매 그가 세움을 받으리니 이는 그를 세우시는 권능이 주께 있음이라.

바울은 그러한 논쟁에 대해 아주 간단하게 말합니다. 그는 먹는 것도 믿음이고 안 먹는 것도 믿음이라고 합니다. 먹는 자, 즉 성경에 따르면 강한 자들은 만유가 주의 것이기에 떡도 주님이 주신 것이고 고기도 주님이 주신 것인데 그것을 못 먹다니 아직도 그렇게 율법주의에 묶여 있느냐고 약한 자들을 판단하고 비난합니다. 그러나 성경은 그러지 말라고 합니다.

또, 반대로 안 먹는 사람은 다른 사람이 먹는 것을 볼 때도 이해해야 한다는 것입니다. 그때도 강한 자가 자신의 자유를 절제해야 하는 것입니다. '아직 저 사람이 신앙이 어려서 복음이 말하는 자유를 아직 다 이해하지 못하는구나. 저 사람이 나로 인해 시험 들지 않도록 내가 조심해야겠구나.' 하면서 행동을 조심하는 것이 성숙한 태도입니다.

이러한 자세가 바울이 그의 서신 전체를 통해서 일관되게 말하고 있는 메시지입니다. 고린도전서 9장을 보면 자신의 논리를 명확하게 정리하고 있습니다. 고린도전서 9장 19절을 한번 보십시오.

> 내가 모든 사람에게서 자유로우나 스스로 모든 사람에게 종이 된 것은 더 많은 사람을 얻고자 함이라.

바울이 하는 이야기의 요지는 바로 이것입니다. "내가 모든 사람에게 자유하다. 나는 우상에게 바쳐졌던 떡도 고기도 얼마든지 하나님이 주신 것으로 믿고 먹을 수 있지만 모든 사람이 걸려 넘어지지 않도록 나를 낮추었는데, 그 이유는 더 많은 사람을 얻기 위해서다." 여기에는 사랑이 기초되어 있습니다. 바울은 자신은 자유할 수 있지만 연약한 자들을 위해 스스로 절제하고 종이 되었다고 얘기합니다.

이것이 어떻게 가능할까요? 빌립보서 1-3장에 나타나 있는 예수 그리스도의 성육신 사건에 그의 신앙이 기초하고 있기 때문입니다. 그러니까 바울의 모든 판단 기준은 옳고 그르다에 있지 않습니다. 그런 논쟁에 자신의 삶의 기준을 두지 않고 그리스도께서 우리를 위해 스스로를 낮추시고 죽으신 사건에 판단의 기준을 둔 것입니다. 이것이 바울의 모든 목회 영역에서 사실상 가장 중요한 기준이었습니다. 빌립보서 3장 18절을 보십시오.

> 내가 여러 번 너희에게 말하였거니와 이제도 눈물을 흘리며 말하노니 여러 사람들이 그리스도의 십자가의 원수로 행하느니라.

그리스도의 십자가의 원수로 행하는 사람들을 향해서 그가 어떤 태도를 갖고 있는지를 보십시오. 여러 번 말하고 이제는 눈물을 흘리며 말한다고 합니다. 바울은 이 '눈물'이라는 말을 자주 언급합니다. 사도행전 20장을 보면 어느 해변가에서 에베소 장로들과 작별을 하며 그들을 어떻게 목회했는지를 말하고 있습니다. 사도행전 20장 31절을 보십시오.

> 그러므로 여러분이 일깨어 내가 삼 년이나 밤낮 쉬지 않고 눈물로 각 사람을 훈계하던 것을 기억하라.

그가 3년 동안 에베소 성도들에게 '눈물로' 가르쳤다고 말합니다. 자신의 목회를 자랑하려 하거나 독자들에게 감동을 주려고 이렇게 표현한 것이 아닙니다. 기독교 신앙의 중요한 기초가 무엇이어야 하는지를 그는 '눈물'이라는 단어를 통해서 말하고 싶은 것입니다.

인간적인 조건으로 볼 때 그는 대석학이었고 로마의 시민권자였기 때문에 그대로 자기 길을 갔더라면 정치적으로나 역사적으로 길이 남을 위대한 인물이 되었을지도 모릅니다. 그런 그가 그리스도께 포로 된 이후부터는 전혀 다른 삶의 길로 들어서서 '눈물로' 목회를 한 것입니다. 십자가의 원수로 행하는 그 성도들을 기다리면서 자신을 낮추어서까지 참고 부탁하고 찾아가서 호소했습니다.

우리 예수님은 가장 크신 분입니다. 왕 중의 왕이고 신 중의 신입니다. 그런데 그분이 이 땅에 육신에 몸을 입고 오셔서 십자가에서 가장 처참한 모습으로 우리를 대신해 죽으셨습니다. 바울이 이 원리를 자신의 목회 현장에서 적용한 것입니다. 그래서 그는 "내가 그리스도를 본받는 것같이"라고 말하면서 눈물로 한 영혼, 한 영혼을 양육한 것입니다. 예수님은 아흔아홉 마리 양떼가 있는데도 불구하고 잃어버린 한 마리 양을 찾으러 다니셨습니다. 이처럼 목회자나 리더는 그리스도 안에서 섬기는 자로 낮은 자리에 서야 합니다.

하늘의 시민권을 가진 자의 임무

빌립보서 3장 19절을 보십시오.

그들의 마침은 멸망이요 그들의 신은 배요 그 영광은 그들의 부끄러움에 있고 땅의 일을 생각하는 자라.

"그들의 신"은 말 그대로 그들의 우상을 말합니다. 그리고 "배"라는 말은 창자를 뜻합니다. 창자에는 음식이 들어갑니다. 그러니까 그들의 신은 음식이라는 것입니다. 음식을 가지고 서로 정죄하고 비판하고 싸우니까 바울이 이렇게 표현한 것입니다.

그리고 "그 영광은 그들의 부끄러움에 있고"라는 말은 무슨 뜻일까요? 이 구절을 이해하기 위해서는 그 사회의 배경을 좀 알아야 합니다.

"그 영광"이라는 말은 이런 뜻입니다. 당시 빌립보 지역에 사는 성도들은 두 부류가 있었습니다. 완전한 이방인과 유대인으로서의 이방 땅에 사는 디아스포라입니다. 그런데 빌립보 교회에 문제를 일으킨 사람들은 이방인들이 아니라 그 땅에 살던 유대인들입니다. 그들은 자신들을 이방인들과 구분지어서 영광스럽게 생각하는 것이 몇 가지 있었습니다. 그중에 한 가지는 선민사상으로서 가장 중요한 증표인 '할례'였습니다. '할례'가 그들의 영광이었던 것입니다. 그런데 그것이 왜 부끄러운 일이 되었을까요?

빌립보 도시는 로마에게 점령을 당해서 로마의 문화가 꽃 피고 있었습니다. 그 시대 로마를 상징하는 문화는 목욕 문화였습니다. 고대 문헌을 보면 목욕탕이 오늘날 온천과는 비교가 안 될 정도로 규모가 어마어마하게 컸습니다. 로마 사람들은 그렇게 목욕을 좋아했던 것입니다. 그런데 유대인들이 할례를 행하지 않은 이방인들과 함께하면서 유대인들 사이에 할례받은 것을 원상복귀하는 수술이 성행하게 되었습니다. 당시에는 잦은 전쟁으로 의술이 발달해 있었기 때문에 그것이 가능했습니다. 바울이 바로 그 얘기를 하고 있는 것입니다. 할례를 받았으면 받은 대로, 안 받았으면 안 받은 대로 다 하나님 앞에서 자녀들인데 그들에 대해서 바울은 "땅에 일을 생각하는 자라."고 말합니다.

그러면서 바울은 "그러나 우리의 시민권은 하늘에 있는지라."고 말합니다. 여기에 '시민권'이라는 표현이 나옵니다. 이에 대해 앞에서 언급했습니다. 당시 로마의 속국이 된 나라의 백성에게 로마의 시민권은 무한한 긍지였습니다. 그처럼 우리는 하늘의 시민권을 가지고 이 세상에 파송된 하나님의 대사입니다. 그렇다면 우리가 보냄을 받은 가정과 직장에서 하늘의 문화를 만들어 가고 있습니까? 바울이 그 얘기를 하는 것입니다. 20절을 보십시오.

> 그러나 우리의 시민권은 하늘에 있는지라 거기로부터 구원하는 자 곧 주 예수 그리스도를 기다리노니.

소망이 분명한 사람의 특징 세 가지가 있습니다. 첫째는 낙심하지 않습니다. 둘째, 용기가 있습니다. 셋째, 기쁨이 있습니다. 하늘의 시민권을 가지고 사는 그리스도인들의 삶에 이 세 가지가 증표로 나타나야 합니다. 우리의 삶에 여러 가지 어려움들이 들이닥친다 하더라도 하늘의 시민권을 가진 자로서 오실 그리스도께 소망을 두고 날마다 담대하게 기쁨으로 살아가시기 바랍니다.

chapter 20

영적

우애를

지킨다

그러므로 나의 사랑하고 사모하는 형제들, 나의 기쁨이요 면류관인 사랑하는 자들아 이와 같이 주 안에 서라 내가 유오디아를 권하고 순두게를 권하노니 주 안에서 같은 마음을 품으라 또 참으로 나와 멍에를 같이한 네게 구하노니 복음에 나와 함께 힘쓰던 저 여인들을 돕고 또한 글레멘드와 그 외에 나의 동역자들을 도우라 그 이름들이 생명책에 있느니라.
빌립보서 4장 1-3절

목회자와 성도의 아름다운 관계

빌립보서 4장은 사도 바울이 빌립보 교회 성도들에게 보내는 서신을 끝내면서 그들을 얼마나 가슴 깊이 사랑하는지 절절한 그 마음이 잘 드러나 있습니다. 1절을 보십시오.

그러므로 나의 사랑하고 사모하는 형제들, 나의 기쁨이요 면류관인 사랑하는 자들아 이와 같이 주 안에 서라.

1절 한 절 속에는 많은 표현들이 나옵니다. 그러나 그 표현들은 그저 화려한 수식을 위해서 열거한 단어들이 아닙니다. 바울이 채택한 한 단어 한 단어에는 바울 자신의 교회관, 목회 철학, 성도들을 향한 목자의 심정이 들어 있습니다. 어떤 참고 서적은 이 한 절을 가지고 아주 많은 분량을 할애하여 해석해 놓았을 정도로 많은 의미가 담긴 구절입니다.

여기서 "사랑하고"라는 말은 헬라어로 '필라델피아'인데 뜨거운 형제애를 뜻합니다. 이 단어는 바울의 세 가지 철학을 담고 있는 아주 중요한 단어입니다.

첫째, 우리는 예수 그리스도라는 같은 뿌리를 가지고 있다는 것입니다. 예수 그리스도 안에서 함께 거듭나고 용서를 받은 존재입니다. 그리고 둘째로, 우리는 절대적 관계를 가진 사람들이라는 것입니다. 이 절대적 관계는 피를 나눈 사이를 의미하는데 당시 헬라 사람들은 부부관계보다 더 깊은 관계를 표현할 때 이 단어를 씁니다. 성도들을 향한 바울의 애정이 얼마나 깊은지 짐작할 수 있습니다. 그리고 마지막으로, 우리는 기업이 같다는 것입니다. 장차 누릴 동일한 기업을 하나님께 상속받았다는 것입니다.

이러한 개념을 포함한 형제라는 말입니다. 그러니까 이것은 바울과 빌립보 성도가 단순히 좀 친하다는 얘기가 아니라 같은 뿌리를 가졌고, 부부관계보다 더 깊은 절대적 관계이며 장차 같은 기업을 상속받을 존재로서의 형제임을 의미합니다. 정말 아름다운 목회자와 성도의 관계입니다.

어느 날 갑자기 훌륭한 목회자가 되고, 또 건강한 신자가 되는 것이 아닙니다. 그렇게 되기까지는 오랜 세월 속에 축척된 사랑과 돌봄 가운데 천천히 아름다운 예수의 얼굴로 다듬어지는 것입니다. 그렇기 때문에 바울에게 빌립보 성도들은 눈물겨운 존재들입니다. 복음으로 그들을 낳아서 한 사람 한 사람 가르치고 삶으로 모범을 보이고, 그들 가운데 문제가 생기면 찾아가서 어루만져 주고 하면서 자식처럼 키워낸 성도들인 것입니다.

다음으로 "사모하는"이라는 말의 헬라어 원뜻은 '그립다, 보고 싶다'입니다. 여기서 우리는 참 인간적인 면모를 지닌 바울의 면모를 볼 수 있습니다. 단순히 목회자이기 때문이라기보다 같은 성도이자 형제로서 그들의 안부가 늘 궁금하고 보고 싶고 만나고 싶은 마음이 있는 것입니다.

그리고 다음에 나오는 "기쁨"이라는 말의 정확한 의미는 '어떤 사람을 생각할 때마다 긍지가 생긴다'는 뜻입니다. 우리 한국인들은 이런 면에서 좀 거친 경향이 있습니다. 다른 사람의 잘됨에 대해서 눈물이 날 정도로 기뻐해 주고 내 일처럼 감격할 수 있어야 정말 형제인데 이상하게도 겉으로는 기뻐하고 축하하지만 속은 은근히 뒤틀리는 것입니다. 우리는 그리스도께 뿌리를 두고 같은 기업을 받을 형제들입니다. 그렇기 때문에 우리의 형제들 중에 누군가 잘된 일이 있으면 정말 자기 일처럼 기뻐할 수 있어야 하는 것입니다.

다음으로, "면류관"이라는 단어가 나옵니다. 이것은 헬라어로 '스테파노스'라고 하는데 바울은 성도들을 면류관이라고 표현합니다. 면류관이라는 단어는 보통 경기에서의 승리를 나타내는 표상인데 여기서 바울이 의미하는 바는 다릅니다. 그는 축제의 개념으로서 면류관을 말합니다. 빌립보 성도들을 생각할 때 축제처럼 기쁨을 주는 존재라는 의미에서 그들이 자신의 면류관이라는 것입니다. 목회자와 성도는 서로에게 이런 존재가 되어야 합니다.

자신의 면류관인 그들에게 바울이 하는 중요한 말이 있습니다. "이와 같이 주 안에 서라."는 말입니다. 여기서 '서라'는 '방어하라'는 말과 같은 개념을 가진 단어입니다. 예수 그리스도께서 우리가 싸워야 하는 모든 싸움을 이미 다 싸우시고 승리해 놓으셨습니다. 그 승리를 우리가 지키기만 하면 되는 것입니다. 그래서 "주 안에서 서라."는 말은 예수 그리스도를 통해 이루신 승리를 지키기 위해서 서라는 말입니다.

같은 마음을 품으라

그런데 이 승리를 지키지 못하도록 하는 것이 있는데 그것은 성도 간의 불화입니다. 돌아온 탕자 이야기에는 아버지의 두 가지 기쁨의 요체가 나오는데, 그것은 아버지와 아들의 관계 회복과 형제간의 관계 회복입니다. 하나님께서 우리에게 바라시는 것이 무엇일까요? 2절을 보십시오.

> 내가 유오디아를 권하고 순두게를 권하노니 주 안에서 같은 마음을 품으라.

빌립보 교회에 있었던 문제는 여자 성도들의 주도권 싸움이었습니다. 여기서 빌립보 교회가 탄생한 배경을 기억해 볼 필요가 있습니다. 사도행전 16장을 11-15절을 보십시오.

> 우리가 드로아에서 배로 떠나 사모드라게로 직행하여 이튿날 네압볼리로 가고 거기서 빌립보에 이르니 이는 마게도냐 지방의 첫 성이요 또 로마의 식민지라 이 성에서 수일을 유하다가 안식일에 우리가 기도할 곳이 있을까 하여 문 밖 강가에 나가 거기 앉아서 모인 여자들에게 말하는데 두아디라 시에 있는 자색 옷감 장사로서 하나님을 섬기는 루디아라 하는 한 여자가 말을 듣고 있을 때 주께서 그 마음을 열어 바울의 말을 따르게 하신지라 그와 그 집이 다 세례를 받고 우리에게 청하여 이르되 만일 나를 주 믿는 자로 알거든 내 집에 들어와 유하라 하고 강권하여 머물게 하니라.

루디아는 두아디라 성에서 장사를 하러 온 여자입니다. 그 당시 사회상을 보면 여자들이 어떻게 국제무역에 가까운 장사를 할 수 있었을까 하는 의문이 생깁니다. 그런데 뜻밖에도 그때는 지금보다 훨씬 더 활발하게 여권신장이 이루어졌습니다. 남녀가 결혼해서 자식을 낳으면 어머니 성을 따랐습니다. 그리고 여성들도 국제무역을 할 수가 있었고, 심지어는 여성이 사회에 공헌을 했을 때는 공덕비 같은 기념비를 도시마다 세워 주었습니다. 특별히 마게도냐 지방을 중심으로 여권에 대한 놀라운 신장이 있었습니다.

그리고 고린도전서에 보면 예언하는 일이 나옵니다. 당시에 예언하는 일들은 곧 설교하는 것이었습니다. 그런데 그때는 초기 기독교 시대였기 때문에 오늘날처럼 설교자들이 많이 준비되어 있지 않았습니다. 사회의 이런 분위기에 편승해서 많은 여성 설교자들이 있었습니다. 그런데 여성들이 감성적이고 섬세하다 보니까 교회 안에서 여성들이 설교하면서 서로 나서려 하거나 질투하는 문제가 교회마다 생겨나게 된 것입니다.

그래서 사도 바울이 "여자는 교회에서 잠잠하라"(고전 14:34)고 말합니다. 그런데 사실 '잠잠하라'는 말은 70인역 원문에는 없는데 후대에 사본에서 들어간 것입니다. 그 정도로 그 당시 사회에는 여성들의 권위나 리더십을 많이 인정해 주었습니다. 그래서 이 빌립보 교회도 많은 여성들이 리더십을 붙잡고 있었습니다. 빌립보 교회 자체가 여성의 집에서 여성들의 헌신으로 태동된 배경을 갖고 있기 때문입니다.

그런데 두 여자 리더 사이에 주류와 비주류가 나누어져 문제가 생긴 것입니다. 성경 본문에는 이 두 여자가 어떤 상황에 있는지 일면이 나타나 있습니다. 3절을 보십시오.

> 또 참으로 나와 멍에를 같이한 네게 구하노니 복음에 나와 함께 힘쓰던 저 여인들을 돕고.

이 구절을 문법적으로 보면 그 두 여인이 지금은 바울에게 동역자로서 협조하고 수고하고 있지 않음을 알 수 있습니다. 그들로 인해 빌립보 교회는 어려움에 봉착해 있는 상태입니다. 그래서 바울이 이 짧은 마지막 서신에 결말로 두 여인에게 충고를 하는 것입니다. 2절을 보십시오.

> 내가 유오디아를 권하고 순두게를 권하노니 주 안에서 같은 마음을 품으라.

우리가 일을 같이 하는 것보다 더 중요한 것은 마음을 같이하는 것입니다. 고린도 교회도 이와 비슷한 일로 인해 바울이 긴 서신을 디도 편을 통해서 보내게 됩니다. 고린도 교회도 처음에 대두 되었던 문제가 분파 문제였습니다. 바울파, 게바파, 아볼로파, 예수파 이렇게 네 개 분파가 나누어져서 교회의 일을 흔들었던 것입니다. 그래서 바울은 이렇게 조언을 했습니다. "사람이 마땅히 우리를 그리스도의 일꾼이요 하나님의 비밀을 맡은 자로 여길지어다"(고전 4:1-2).

일의 성과보다 중요한 것은 화목이다

우리는 여기서 두 가지를 이해해야 합니다. 하나님은 항상 교회의 일을 끊이지 않게 우리에게 숙제처럼 주십니다. 일을 통해서 성도들을 키우시기 위해서입니다. 학교 다니는 학생이 숙제가 있어야 그 숙제를 붙들고 씨름하면서 공부하게 되고 그러다 보면 실력이 자라게 됩니다. 그런데 학교 선생님이 숙제도 안 내주고 검사도 안 하고 아이들이 공부를 하는지 안 하는지 전혀 참견하지 않는다면 아이들은 좋아할지 몰라도 실력이 향상될까요? 그래서 하나님은 교회에 일이 끝나지 않게 하심으로 우리가 그 일들을 하면서 성장하게 하시는 것입니다.

빌립보 교회에서도 두 여인이 다투게 된 이유는 분명 교회 일 때문입니다. 그러나 그들은 하나님의 진정한 의도를 이해하지 못했습니다. 그래서 본질을 놓친 것입니다. 교회에 어려운 숙제가 던져질 때 그 일을 통해서 성도와 성도 간에 우애를 더욱 다지고 팀워크를 더 견고하게 만들어 가면서 같은 비전을 향해서 가는 것이 하나님의 진정한 의도입니다.

하나님이 기뻐하시는 것은 형제의 화목이지 일의 완성도가 아닙니다. 우리가 어떤 일을 할 때 서로에게 상처를 주고 관계를 깨면서까지 하는 것은 하나님이 원하시지 않습니다. 관계를 깨려고 유혹하는 사탄의 시험에 말려들지 마십시오.

두 여인이 그러한 시험에 넘어진 것입니다. 그래서 그들을 향해 바울이 "주 안에서 같은 마음을 품으라."고 말합니다. 두 사람의 마음이 달랐던 것입니다. 즉 그들이 빌립보 교회에 대한 목회 철학이 달랐다는 뜻입니다. 이에 대해 바울이 이런 처방을 줍니다. "나와 멍에를 같이 한 자 네게 구하노니."

멍에는 소 두 마리를 묶는 연결 고리입니다. 그래서 멍에를 같이 멘 소들은 똑같이 힘을 쓰면서 같은 속도로 가야 합니다. 어느 한 놈이 먼저 가려고 하거나 힘을 안 쓰면 둘 다 엄청 고생을 합니다. 결국은 소들의 본래 목적을 달성하지 못하는 결과를 낳게 됩니다.

제2차 세계대전 때 다음과 같은 실화가 있었다고 합니다. 병사 일곱 명이 차모에 고립이 되어 완전히 보급이 끊어졌습니다. 그런데 이 병사들 옆구리에 찬 수통에는 전부 물이 떨어졌고, 한 병사의 수통에만 물이 남아 있었습니다. 그런데 그 물을 병사들 몇 명이 다 마시지 않고 그들이 모두 조금씩 입술만 적시면서 나누어 마셨습니다. 일곱 명이 그런 식으로 갈라 터져가는 혀를 적셔 가면서 물 한 병으로 그들은 모두 살아남게 되었습니다. 이런 것이 바로 같이하는 것이고 형제애입니다. 하나님의 일을 하기 위해서 우리는 그런 형제애를 훈련해야 합니다.

바울은 "복음에 나와 함께 힘쓰던 저 부녀들을 돕고"라고 말합니다. 그들이 화해하도록 도우라는 말입니다. 그리고 마지막으로 말합니다. "또한 글레멘드와 그 외에 나의 동역자들을 도우라 그 이름들이 생명책에 있느니라."

바울은 마지막으로 자신의 동역자들을 도우라고 말합니다. 성도들에게 목회자들을 동역자들로 받아들이고 도우라는 것입니다. 목회자는 성도들이 뜻을 같이하여 함께하고 그 영이 변화되고 자라갈 때 무엇과도 바꿀 수 없는 큰 기쁨을 느낍니다.

물질로 돕는 것은 마음 있고 돈이 있으면 할 수 있지만 그것보다 마음의 동역자가 되어 주는 것이 가장 중요합니다. 마음을 함께하는 동역자, 그런 동역자가 되라고 바울은 우리에게 말하는 것입니다. 그 말씀에 순종하여 더욱 견고하게 교회를 세워 가는 목회자와 성도가 되기를 바랍니다.

chapter 21

관용을

모든 사람에게

알게 한다

주 안에서 항상 기뻐하라 내가 다시 말하노니 기뻐하라 너희 관용을 모든 사람에게 알게 하라 주께서 가까우시니라 아무 것도 염려하지 말고 다만 모든 일에 기도와 간구로, 너희 구할 것을 감사함으로 하나님께 아뢰라 그리하면 모든 지각에 뛰어난 하나님의 평강이 그리스도 예수 안에서 너희 마음과 생각을 지키시리라.
빌립보서 4장 4-7절

이 장의 성경 본문에 나오는 '관용'은 동양적 사고의 '너그럽고', '부드럽고', '잘 받아들여지는'이라는 의미로 쓰인 단어가 아닙니다. 여기에는 당시의 시대적 사상과 배경이 내포되어 있습니다. 그 당시는 로마가 온 세계를 통치하던 때지만 사상과 정신적 기초는 헬레니즘이 주류를 이루던 시대입니다. 헬레니즘 사상에서 관용의 사전적 의미는 '훌륭한 인격에 기초한 합리성'이라는 뜻입니다.

바울이 이 단어를 채택한 이유가 있습니다. 이것은 사실 '인간의 인격성 대신 하나님의 인격성에 근거한 합리성'이란 뜻도 되기 때문입니다. 이에 대해서 말씀 안에서 좀 더 자세히 살펴보도록 하겠습니다.

기쁨과 감사의 주도권은 하나님께

먼저 4절을 보십시오.

주 안에서 항상 기뻐하라 내가 다시 말하노니 기뻐하라.

우리는 살면서 항상 기뻐할 수 있습니까? 자녀가 수능 시험을 망쳤거나, 직장에서 좌천되었는데도 기뻐할 수 있을까요? 그런데 이 "기뻐하라."는 말씀은 명령어로 되어 있습니다. 이 명령의 주도권은 하나님께 있습니다. 그래서 이 명령을 달리 표현하면 이렇습니다. "내가 너를 반드시 궁극적인 기쁨의 자리로 이끌어 갈 것이다." 이것은 우리더러 부모님이 돌아가셨는데도 기뻐하라는 차원의 명령이 아니라, "내가 너를 피값을 주고 사서 어둠의 자리에 불러낸 이상 네가 마지막 도달해야 할 궁극적 목적지는 기쁨의 자리다."라는 의미입니다.

이 구절뿐 아니라 모든 성경 말씀은 하나님의 계획과 하나님의 성품에 우선적 가치가 있습니다. 그래서 "항상 기뻐하라."는 말씀도 이렇게 설명할 수 있습니다. "내가 너를 반드시 궁극적인 기쁨의 자리로 이끌어 갈 것이다. 그뿐 아니라 너와 함께할 것이다." 또 한 구절을 볼까요? 6절을 보십시오.

> 아무 것도 염려하지 말고 다만 모든 일에 기도와 간구로, 너희 구할 것을 감사함으로 하나님께 아뢰라.

아무 것도 염려하지 말라고 명령합니다. 그런데 우리가 어떻게 염려를 안 할 수 있습니까? 이 말을 하는 바울도 염려를 했습니다. 한번 확인해 보겠습니다. 고린도후서 11장 28절을 보십시오.

> 이 외의 일은 고사하고 아직도 날마다 내 속에 눌리는 일이 있으니 곧 모든 교회를 위하여 염려하는 것이라.

극심한 고난을 당하면서도 그 고난을 고사하고 교회들에 대한 염려가 날마다 마음이 눌릴 만큼 있었다고 고백하고 있습니다. 그런데 그런 그가 어떻게 "아무 것도 염려하지 말고"라고 말할 수 있었을까요? 여기서 "염려하지 말라."는 명령은 염려거리가 있어도 염려하지 말라는 의미가 아니라, 그 염려들의 주관자가 하나님이시라는 것입니다.

그렇기 때문이 우리에게 요구하는 것은 다음 구절입니다. "다만 모든 일에 기도와 간구로, 너희 구할 것을 감사함으로 하나님께 아뢰라." 우리의 모든 염려의 터널을 뚫고 지나가서 마지막 목적지인 감사의 자리에까지 이르도록 하나님이 우리와 함께하시겠다는 것입니다. 우리가 해야 할 일은 기도하는 것입니다. 그러므로 기도한다는 것은 "하나님, 내 힘으로 할 수 없습니다."를 고백하며 표현하는 것입니다.

금식기도는 왜 할까요? 사람은 먹는 만큼 힘을 씁니다. 그리고 그 힘으로 살아가게 되어 있습니다. 그런데 그 음식을 끊는다는 것은 "하나님, 이 문제 내 힘으로 할 수 없는 문제입니다."를 금식으로 표현하는 것입니다. 금식은 그러한 고백이므로 어린아이들이 갖고 싶은 것을 안 사주면 떼쓰고, 밥 안 먹고 하는 그런 개념으로 이해해서는 안 됩니다.

관용과 기쁨의 상관관계

"항상 기뻐하라."고 명령하고 난 후에 바울은 5절에서 무슨 말을 하는지 보십시오.

너희 관용을 모든 사람에게 알게 하라 주께서 가까우시니라.

이 말씀은 앞 구절의 "항상 기뻐하라."는 명령과 무슨 상관이 있는 걸까요? 이것을 알아보기 위해 '관용'과 '기쁨'이 어떤 연관성이 있는지 살펴보겠습니다.

하나님의 구속사는 시간과 공간이라는 두 가지 영역에서 철저하게 진행되도록 되어 있습니다. 집 짓는 과정을 생각해 보십시오. 제일 먼저 백지에 스케치를 합니다. 그런 후에 설계도를 그립니다. 그러면 스케치와 설계도가 입체적인 건물로 지어지기까지는 두 가지가 필요합니다. 시간과 공간입니다. 마찬가지로 우리를 향하신 하나님의 구원 작업도 시간과 공간이라는 두 가지 요소가 필요합니다.

이것은 다음과 같은 뜻입니다. 우리가 하나님께 택함을 받아서 어둠에서 건짐을 받았습니다. 그런데 건짐을 받자마자 완성된 모습으로 변화한다면 아무런 문제가 없습니다. 그러나 그런 사람은 아무도 없습니다. 구원을 받고 난 이후부터는 엄청난 공사가 시작되는 것입니다. 시커멓게 그을린 부분들은 문지르거나 긁어내고, 파인 부분은 메꿉니다.

이처럼 완성에 이르는 데는 반드시 시간과 공간의 개념이 필요합니다. 구원에 있어서 하나님은 이 처음과 끝을 예수님을 통해 십자가에서 단번에 완성해 버리신 것입니다. 그것은 시간과 공간이라는 과정을 통해서 풀어지게 되는데, 그때 우리에게 요구되는 것이 '관용'이라는 것입니다. 이 '관용'의 구체적인 내용이 8-9절에 나타나 있습니다.

> 끝으로 형제들아 무엇에든지 참되며 무엇에든지 경건하며 무엇에든지 옳으며 무엇에든지 정결하며 무엇에든지 사랑 받을 만하며 무엇에든지 칭찬 받을 만하며 무슨 덕이 있든지 무슨 기림이 있든지 이것들을 생각하라 너희는 내게 배우고 받고 듣고 본 바를 행하라 그리하면 평강의 하나님이 너희와 함께 계시리라.

이 과정에도 주님이 함께하시겠다고 약속을 하셨습니다. 우리가 도달하게 될 마지막 도착지에서 주님은 온전한 기쁨을 준비해 놓으셨습니다. 비록 그 과정인 우리의 인생길에는 온갖 염려의 쓰나미가 있지만 이러한 염려로 인해 주님이 이미 이루어 놓으신 승리가 뒤집어지는 법은 절대로 없습니다. 그 승리는 이미 십자가에서 이루어진 것입니다. 그래서 우리는 '부활의 권능'을 갖고 있습니다.

그런데 우리는 삶에서 세상의 유혹을 만나게 됩니다. 예수 믿고 교회 다닌다고 우습게 보는 사람들에게 한번 능력의 본때를 보여 주고 싶은 유혹이 있는 것입니다. 그러나 그러한 유혹에 넘어가면 우리가 가진 부활의 능력은 아무 소용이 없습니다. 모든 것을 하실 수 있는 예수님이 십자가에서 무력하게 돌아가신 그 사건을 생각해 보십시오.

세상은 기독교의 능력을 '적극적인 사고' 같은 것으로 만들려는 유혹이 있습니다. 그러나 하나님은 우리에게 그런 세상적인 능력으로 기독교를 증명하도록 하신 적이 없습니다. 억울함을 당하고 밟히고, 무너지는 것도 허락하십니다. 가진 것이 많은 사람도, 가진 것이 없어 늘 고생하는 사람도 모두 삶의 근원이 예수님께 있어야 합니다. 그런데 우리는 돈과 명예와 권력을 통해 하나님의 능력을 나타내 보이고자 하는 세상의 유혹을 받습니다.

우겨쌈을 당하고 무너뜨림을 당하는데도 그것 때문에 흔들거리거나 무너지지 않고 버텨 내는 것, 그것이 '관용'입니다. 하나님은 우리가 이러한 관용을 세상 사람들이 보고 두려워하게 되기를 바라십니다.

그러면 "주께서 가까우시니라."는 무슨 뜻일까요? 이것은 "주님 오실 때 다 됐으니까 조금만 더 참고 견뎌라."는 뜻이 아닙니다. 하나님이 아들을 십자가의 대속 제물로 주시고 죄에 빠진 우리를 구원하셔서, 하나님이 의도하신 온전한 모습으로 만들어 가고 계십니다. 그 과정에서 우리는 사랑의 실패를 겪기도 하고, 재정적 어려움을 만나거나 병에 걸리는 등의 고난들을 만납니다. 이를 통해 우리는 하나님만 붙들고 살아야 함을 깨닫게 되고 점점 하나님의 의도대로 빚어져 갑니다.

이것이 "주께서 가깝다."라는 표현 속에 들어 있는 의미입니다. 하나님이 "이제 네 인생이 내가 의도한 작품대로 나타나는구나!"라고 말씀하시는 것입니다. 이러한 말씀의 연장선에서 다음 구절을 이해해야 합니다. 6-7절 말씀을 보십시오.

> 아무 것도 염려하지 말고 다만 모든 일에 기도와 간구로, 너희 구할 것을 감사함으로 하나님께 아뢰라 그리하면 모든 지각에 뛰어난 하나님의 평강이 그리스도 예수 안에서 너희 마음과 생각을 지키시리라.

이것은 "네가 그 고난과 시련을 견디고 감사하게 될 그 자리까지 반드시 너를 이끌어 가겠다. 그러니까 무조건 감사하고 기도하라. 그러면 내가 세상 염려의 쓰나미를 통과하는 길에 너와 동행할 것이다."는 말씀입니다. 그런 과정을 통해 하나님이 의도하신 그림이 우리 삶 속에 드러나게 되는 것입니다.

관용을 알게 하는 삶

두 가지 메시지로 결론을 맺겠습니다. 첫째로 이 말씀은 삶의 결정권이 우리에게 있기 때문에 조금만 더 참고 견디라는 명령이 아닙니다. 우리 인생의 주도권은 하나님께 있습니다. 그래서 하나님은 우리를 궁극적인 기쁨과 감사의 자리로 데리고 가실 것이며 그 모든 과정에서 우리와 동행하신다는 약속입니다. 그러면서 동시에 하나님의 궁극적인 승리를 믿고 시간이라는 역사와 공간이라는 삶 속에서 그 어떤 일을 만나든지 무너지지 말고 버티라는 것입니다.

그러니까 예수님을 믿지 않는 사람들이 믿는 사람들의 삶의 태도를 볼 때 궁금한 것들이 많아야 합니다. '저 사람이 도대체 살아가는 힘이 어디에서 나올까?' 하는 의문이 생기도록 해야 합니다. 그것을 '영적인 신비'라고 말하는데, 우리 그리스도인들은 영적인 신비의 실체가 되어야 합니다. 돈 많이 있고 건강해서 기쁘고 편안하다면 세상 사람들과 무엇이 다르겠습니까? 4장 13절에서 바울은 이렇게 말합니다.

> 내게 능력 주시는 자 안에서 내가 모든 것을 할 수 있느니라.

온갖 고난을 다 겪고 감옥 안에 들어와 있는 바울이 하는 고백입니다. 이것은 "어떠한 핍박이나 질병도, 굶주림과 헐벗음도 그리스도 예수를 향한 사랑 때문에 다 견뎌 낼 수 있다."는 말입니다. 온 세상이 덤벼도 내 삶을 통해서 하나님의 그림이 드러날 수 있다면 우리는 견딜 수 있습니다. 우리에게는 부활의 능력이라는 확실한 반전이 있기 때문입니다. 3장 11-12절에 나타난 바울의 고백을 보십시오.

> 어떻게 해서든지 죽은 자 가운데서 부활에 이르려 하노니 내가 이미 얻었다 함도 아니요 온전히 이루었다 함도 아니라 오직 내가 그리스도 예수께 잡힌 바 된 그것을 잡으려고 달려가노라.

바로 이것이 관용의 진정한 의미입니다. 온 세상이 바울을 무너뜨리려고 달려들었지만 그는 무너지지 않았습니다. 그렇게 함으로 그의 관용을 모든 사람이 알게 된 것입니다. 그러한 바울의 믿음과 삶을 본받아 승리하는 우리 인생이 되기를 바랍니다.

chapter 22

—

듣고

—

믿는 바를

—

행한다

끝으로 형제들아 무엇에든지 참되며 무엇에든지 경건하며 무엇에든지 옳으며 무엇에든지 정결하며 무엇에든지 사랑 받을 만하며 무엇에든지 칭찬 받을 만하며 무슨 덕이 있든지 무슨 기림이 있든지 이것들을 생각하라 너희는 내게 배우고 받고 듣고 본 바를 행하라 그리하면 평강의 하나님이 너희와 함께 계시리라.
빌립보서 4장 8-9절

빌립보서 4장 8절은 '끝으로'라는 단어로 시작됩니다. 앞에서 이 단어의 의미에 관해 설명한 것처럼, 여기서도 바울이 서신을 마무리하는 의미에서 이 단어를 사용한 것이 아닙니다. 이 말은 '더욱이'라는 뜻으로 이제부터 아주 중요한 얘기를 하겠다는 말입니다.

바울은 빌립보서에서 지금까지 탄탄한 교리적 전개를 해 왔습니다. 그런데 바울이 쓴 서신서들의 특징 중 한 가지는 실천적 결론으로 끝이 난다는 것입니다. 여기서도 실천적 결론을 이야기하기 위해 8절을 '끝으로'라고 시작합니다. 앞에서 뼈대에 해당하는 이야기들을 한 진짜 이유를 이제부터 하고자 하는 것입니다.

그것은 바로 우리의 삶 속에서 실천을 위한 결단입니다. 하나님에 대한 말씀의 교리와 기초를 이론적으로 들었으면 그것이 우리 삶 속에서 육화되고 실천될 때 비로소 하나님의 말씀이 온전해지기 때문입니다. 그런 의미에서 바울은 앞부분에서 교리적인 이야기를 하고, 항상 실천에 관한 이야기로 결론을 맺습니다.

예를 들면 바울의 대표 서신이라고 할 수 있는 로마서 같은 경우를 보십시오. 전체가 열여섯 장인데 구조를 보면 1-11장에서는 기독교의 핵심인 교리 부분을 설명합니다. 그리고 12-16장은 앞에서 설명한 교리를 어떻게 삶 속에서 적용하고 실천해야 하는지를 말합니다. 이런 구조를 토대로 이제 빌립보서가 끝나는 부분까지 생각해 보고자 하는 내용은 우리 그리스도인들에게 요구되는 실제적 삶입니다.

매력적인 그리스도인의 삶

먼저 빌립보서 4장 8절을 보십시오.

끝으로 형제들아 무엇에든지 참되며 무엇에든지 경건하며 무엇에든지 옳으며 무엇에든지 정결하며 무엇에든지 사랑 받을 만하며 무엇에든지 칭찬 받을 만하며 무슨 덕이 있든지 무슨 기림이 있든지 이것들을 생각하라.

그런데 이 8절은 문법적으로나 어휘적으로 문제가 좀 있는 구절입니다. 좋은 글과 좋은 말은 똑같은 단어를 반복하지 않습니다. 설교에 있어서도 설교자가 했던 말을 또 하고 또 하면 아무리 훌륭한 내용이라도 청중 입장에서는 짜증이 나게 됩니다. 그런데 이 짧은 한 구절 속에 '무엇에든지'라는 단어가 무려 여섯 번이나 나옵니다. 에베소서에서도 기쁨에 관한 이야기를 할 때 이런 방식이 보입니다. 최고의 학문을 배운 당대의 석학, 바울이 이렇게 문법을 뛰어넘어 강조하고 전하고자 하는 메시지가 있다는 것입니다.

예를 들어, 어떤 사람이 숨을 헐떡이며 제게 달려와서는 이렇게 말합니다. "목사님, 큰일 났어요. 너무 기가 막혀서 말이 안 나와요." 이 사람이 하는 말이 논리적일까요? 전혀 그렇지 않지만 우리는 이 사람이 뭔가 아주 중요한 내용을 말하려 한다는 것을 알 수 있습니다. 바울이 말하고 있는 것이 이런 것입니다. 그래서 '무엇에든지'를 여러 번 반복하여 문법을 뛰어넘는 중요한 메시지를 전하고 있는 것입니다. 그러면 그 메시지가 무엇인지를 구체적으로 살펴보겠습니다.

바울은 "무엇에든지 참되며"라고 말합니다. '참되다'라는 말은 '진실하다'라는 말입니다. 그리고 "무엇에든지 경건하며"라고 말합니다. '경건하다'라는 말은 하나님 앞에서 사는 것입니다. 우리의 의식 세계뿐만 아니라 무의식 세계까지도 항상 하나님 앞에서 생각하고 말하고 행동하는 것입니다.

그런데 많은 사람들이 경건을 외적 행동이나 태도로 오해하고 있습니다. 그리고 모든 것을 성과 속으로 구분하는 경향이 많습니다. 세상적인 것과 하나님의 것을 자꾸만 구분하다 보니 이분법적인 사고가 형성되는 것입니다. 그것은 잘못된 것입니다. 교회에서와 교회 밖에서의 행동과 사고가 일치하는 삶을 살도록 노력해야 합니다.

다음으로 "무엇에든지 옳으며"라고 말합니다. '옳으며'라는 말은 맞다, 틀리다의 개념이 아니라 무엇에든지 옳은 길을 따르라는 의미입니다. 그렇다면 옳은 길이 있다는 얘기입니다. 그런데 그 길은 우리가 만드는 것이 아닙니다. 진리의 말씀을 통해 하나님이 만들어 놓으신 길입니다.

예수님은 부활하신 후에 승천하셨습니다. 그런데 많은 그리스도인들이 예수님의 승천에 대해 정확히 이해하지 못하고 있습니다. 예수님이 이 땅에서 하실 일을 다 하시고 원래 계시던 자리로 돌아가셨다고 생각하는 것입니다. 그러나 예수님의 승천은 예수님의 강림에서부터 생각해야 합니다.

그분이 하나님 아들로서 원래 계셨던 자리인 하나님 우편에서 육신의 몸을 입고 이 땅에 오셨습니다. 그리고는 33년 동안 자신을 육신 안에 제한하셔서 사시다가 때가 되자, 자신을 드러내시고 십자가에서 구원을 완성하시고 돌아가셨습니다. 그리고 사흘 만에 무덤에서 부활하셔서 오백여 명이 보는 앞에서 승천하셨습니다.

예수님은 부활이 첫 열매라고 하셨습니다. 그것은 믿음으로 접붙여지는 자마다 부활의 약속을 받은 것입니다. 그런데 부활의 첫 열매이신 예수 그리스도께서 부활하신 후에 하신 일이 승천하신 것입니다. 그러니까 "내가 곧 길이요 진리요 생명이니 나로 말미암지 않고는 아버지께로 올 자가 없느니라"(요 14:6)고 하신 말씀처럼 예수님이 승천하셨다는 말은 개척자로 오셔서 옳은 길을 닦아 놓으시고 그 길을 몸소 앞서 가셨다는 것입니다.

그리고 예수님은 "내가 너희를 위하여 처소를 예비하러"(요 14:2) 간다고 하셨습니다. 처소가 마련되고 구원의 완성된 수가 차면 우리를 다시 데리러 오신다고 약속하셨습니다. 이것이 바로 예수님의 승천 속에 담긴 보증과 약속입니다.

그래서 이 땅에서 그 약속을 따라 사는 우리에게는 주님이 가신 그 길을 걸어가야 하는 삶의 숙제가 있습니다. 바울이 "무엇에든지 옳으며"라고 한 말은 바로 그 길을 따라가라는 뜻입니다.

다음으로 "무엇에든지 정결하며"라고 말합니다. '정결'이라는 단어를 원문에 더 가까운 단어로 표현하면 '순결'입니다. 성경에서 교회는 그리스도의 신부로 비유됩니다. 우리 그리스도인은 예수님의 신부입니다. 그러면 예수님은 우리의 신랑이 되십니다. 이스라엘 사람들은 결혼을 두 번 합니다. 배우자가 두 사람이라는 소리가 아니라 결혼 예식을 두 번 한다는 것입니다. 요셉과 마리아가 정혼한 사이라는 것을 우리는 약혼으로 많이들 이해하고 있지만 사실은 약혼이 아니라 이미 결혼을 한 관계인 것입니다. 그리고 또 한 번 더 해야 할 결혼식이 남아 있는 것뿐입니다.

그러면 신랑과 신부 사이에 완전한 결혼이 이루어지기까지 서로에게 가장 소중하게 지켜야 할 것은 순결입니다. 마찬가지로 교회는 거룩성을 지켜야 합니다. 그래서 오늘날 우리 그리스도인들에게 요구되는 가장 중요한 것이 거룩함입니다. 과거야 어찌되었든지 간에 예수 그리스도의 신부로 거듭난 생명은 신랑 되신 예수님과 결혼의 완성이 이루어지는 그날까지 신부로서 순결을 꼭 지켜야 합니다.

다음으로 바울은 "무엇에든지 사랑할 만하며"라고 말합니다. '사랑할 만하다'라는 말을 좀 더 원문에 가깝게 번역하면 '매력 있다'라는 뜻입니다. 세상 사람들이 교회를 정말 매력 있는 공동체로 여기고 있는지 한번 생각해 보십시오. 세상의 많은 사람들이 그리스도인들을 싫어하는 이유가 상식적이지 못하기 때문이라고 합니다. 말도 안 되는 자기 논리를 믿음이라고 포장하며 우기는 경우가 많다는 것입니다. 정말 믿음인지 우기는 것인지 우리는 잘 분별해야 합니다.

예수님은 우리에게 뱀같이 지혜롭고 비둘기같이 순결하라고 하셨습니다. 예를 들어, 직장 동료가 절박한 사정에 처해서 도움을 구해 올 때 그날이 주일이기 때문에 교회에 가야 한다며 무조건 뿌리치기보다는 그 사람을 기꺼이 도와주는 것을 하나님은 더 기뻐하실 것입니다. 안식의 의미는 생명을 살리는 것이기 때문입니다. 그러면 도움을 받은 동료가 그리스도인에 대해 갖게 되는 감정은 긍정적인 이미지가 될 것입니다. 그러므로 우리의 모든 삶과 행위를 통해 우리 그리스도인이 모든 사람들에게 매력 있는 존재가 되어야 합니다.

마지막으로 다음 구절을 보십시오.

> 무슨 덕이 있든지 무슨 기림이 있든지 이것들을 생각하라.

우리 삶의 모든 영역에 있어서 앞에서 언급한 것들을 생각하라는 뜻입니다. '생각하라'는 말은 '계산하라'는 뜻입니다. 직장에서 일을 하든지, 공부를 하든지 무엇을 하든지 이 덕목들을 생각해라는 것입니다. 사람은 무엇을 생각하느냐에 따라서 됨됨이가 만들어집니다. 그래서 사람은 이해를 하든지 못하든지 하나님 말씀을 계속 가르쳐서 의식화시키는 것이 필요합니다. 사람은 의식화가 되어 있지 않으면 절대 변하지 않습니다.

생각하라. 그리고 행하라.

그런데 그 다음 9절을 보십시오.

> 너희는 내게 배우고 받고 듣고 본 바를 행하라 그리하면 평강의 하나님이 너희와 함께 계시리라.

바울이 "행하라."고 말합니다. 그가 이 말을 한 아주 중요한 이유가 있습니다. 신앙은 먼저 교리적인 이론을 들어야 합니다. 그렇지 않고 감성적인 접근만 하면 모래 위에 집 짓는 것처럼 어려움이 오면 신앙이 흔들리게 됩니다. 그런데 이 편지를 받는 빌립보 사람들, 즉 헬라 사람들의 신앙은 당시의 헬레니즘 문화 때문에 모든 것이 철저히 관념화되어 있었습니다. 그들은 지식주의자들이었기 때문에 자칫하면 신앙도 관념화되기 쉬운 상태에 있었습니다. 그래서 바울은 그들을 향해 "행하라."는 구체적 실천에 대한 도전을 던집니다.

이 장의 결론으로서 히브리서 4장 1-2절을 보십시오.

> 그러므로 우리는 두려워할지니 그의 안식에 들어갈 약속이 남아 있을지라도 너희 중에는 혹 이르지 못할 자가 있을까 함이라 그들과 같이 우리도 복음 전함을 받은 자이나 들은 바 그 말씀이 그들에게 유익하지 못한 것은 듣는 자가 믿음과 결부시키지 아니함이라.

말씀을 듣고 배웠는데 그것이 유익이 되지 못했다고 말합니다. 그 이유가 무엇이라고 합니까? "듣는 자가 믿음과 결부시키지 아니함이라."고 말합니다. 믿음과 결부시키지 않았다는 것이 무슨 의미일까요? 6절을 보십시오.

> 복음 전함을 먼저 받은 자들은 순종하지 아니함으로 말미암아 들어가지 못하였으므로

복음을 듣고 순종을 안 했다는 말입니다. 출애굽한 이스라엘 백성들이 젖과 꿀이 흐르는 약속의 땅 가나안에 들어가게 될 것이라는 복음을 다 들었습니다. 그렇지만 그들은 다 들어가지 못했습니다. 그것은 바로 믿음과 결부시키지 못했기 때문에, 즉 순종하지 않았기 때문입니

다. 그러면 왜 그들은 순종하지 않았을까요? 성경은 이렇게 증거하고 있습니다. 7-11절을 보십시오.

> 오랜 후에 다윗의 글에 다시 어느 날을 정하여 오늘이라고 미리 이 같이 일렀으되 오늘 너희가 그의 음성을 듣거든 너희 마음을 완고하게 하지 말라 하였나니 만일 여호수아가 그들에게 안식을 주었더라면 그 후에 다른 날을 말씀하지 아니하셨으리라 그런즉 안식할 때가 하나님의 백성에게 남아 있도다 이미 그의 안식에 들어간 자는 하나님이 자기의 일을 쉬심과 같이 그도 자기의 일을 쉬느니라 그러므로 우리가 저 안식에 들어가기를 힘쓸지니 이는 누구든지 저 순종하지 아니하는 본에 빠지지 않게 하려 함이라.

홍해를 건너 광야로 나왔다고 가나안에 저절로 들어가는 것이 아니라, 들어가기를 힘써야 한다는 것입니다. 힘쓴다는 것은 말씀을 들은 대로 순종하는 것입니다. 하나님이 약속하신 것을 붙잡고 순종하는 것입니다. 그런데 믿음과 결부시키지 못한 사람들은 광야에서 모두 죽게 됩니다. 이어서 12-14절을 보십시오.

> 하나님의 말씀은 살아 있고 활력이 있어 좌우에 날선 어떤 검보다도 예리하여 혼과 영과 및 관절과 골수를 찔러 쪼개기까지 하며 또 마음의 생각과 뜻을 판단하나니 지으신 것이 하나도 그 앞에 나타나지 않음이 없고 우리의 결산을 받으실 이의 눈 앞에 만물이 벌거벗은 것 같이 드러나느니라 그러므로 우리에게 큰 대제사장이 계시니 승천하신 이 곧 하나님의 아들 예수시라 우리가 믿는 도리를 굳게 잡을지어다.

큰대제사장이신 예수 그리스도가 이 땅에 오셔서 승천하셨습니다. 그분이 우리보다 앞서 가셔서 옳은 길을 완성하시고 그 길을 가신 것입니다. 우리는 그분이 가신 그 길을 따라가기만 하면 되는 것입니다. 그 길은 좁고 힘들지만 생명의 길이기에 힘써 가야 합니다. 그런데 15절에 기쁜 소식이 있습니다.

> 우리에게 있는 대제사장은 우리의 연약함을 동정하지 못하실 이가 아니요 모든 일에 우리와 똑같이 시험을 받으신 이로되 죄는 없으시니라.

부정의 부정은 강한 긍정입니다. 대제사장이신 예수님이 우리의 연약함을 동정하신다는 말씀을 강조하고 있습니다. 개역한글 성경에는 '체휼'이라고 되어 있는데 이것은 예수님이 직접 겪으신다는 말입니다. 하나님의 아들이시지만 연약한 육신의 몸을 입고 자신을 제한하여 이 땅에 내려오셔서 우리가 겪는 눈물과 고난과 가난을 모두 다 경험하셨습니다. 그래서 그분은 우리가 느끼는 모든 것을 다 이해하십니다. 그래서 우리에게 위대한 복음을 주셨는데 16절에서 그것을 말합니다.

> 그러므로 우리는 긍휼하심을 받고 때를 따라 돕는 은혜를 얻기 위하여 은혜의 보좌 앞에 담대히 나아갈 것이니라.

예수님은 인간의 몸을 입으시고 모든 것을 겪으셨기에 우리를 너무나 잘 아십니다. 그래서 연약하고 부족한 우리를 긍휼히 여기십니다. 이 좋은 복음을 아직 모르는 사람들에게 전하는 참된 그리스도인들이 되시기를 바랍니다.

chapter 23

겸손하고

지혜롭게

사역을 돕는다

내가 주 안에서 크게 기뻐함은 너희가 나를 생각하던 것이 이제 다시 싹이 남이니 너희가 또한 이를 위하여 생각은 하였으나 기회가 없었느니라 내가 궁핍하므로 말하는 것이 아니니라 어떠한 형편에든지 나는 자족하기를 배웠노니 나는 비천에 처할 줄도 알고 풍부에 처할 줄도 알아 모든 일 곧 배부름과 배고픔과 풍부와 궁핍에도 처할 줄 아는 일체의 비결을 배웠노라 내게 능력 주시는 자 안에서 내가 모든 것을 할 수 있느니라 (중략) 내게는 모든 것이 있고 또 풍부한지라 에바브로디도 편에 너희가 준 것을 받으므로 내가 풍족하니 이는 받으실 만한 향기로운 제물이요 하나님을 기쁘시게 한 것이라.

빌립보서 4장 10-18절

이 장의 본문 말씀에는 사실 빌립보서의 본론이 담겨 있습니다. 빌립보서는 사도 바울이 로마 감옥에 갇혀 있을 때, 빌립보 성도들이 보낸 헌금과 물품들을 받고 감사와 격려 차원에서 쓴 서신입니다. 그래서 이 편지의 끝부분에 바울은 성도들이 보낸 헌금과 물품들에 대해 꽤 많은 분량을 할애해서 언급하고 있습니다. 이 일은 바울이 빌립보서를 쓰게 된 중요한 동기 중 하나이기 때문입니다.

능력을 회복시키는 사랑

10절을 보십시오.

> 내가 주 안에서 크게 기뻐함은 너희가 나를 생각하던 것이 이제 다시 싹이 남이니 너희가 또한 이를 위하여 생각은 하였으나 기회가 없었느니라.

"크게 기뻐함"이라는 표현은 성경 전체에서 여기에 딱 한 번 나옵니다. 그런데 이 '크게'라는 말이 영어로는 'great'인데 헬라어 원문을 보면 '다이나마이트'라고 되어 있습니다. 이것은 '폭발력을 가진 능력'이라는 뜻으로도 사용됩니다. 이를 통해 바울이 강조하고자 하는 것은 성도들이 보내 온 헌금과 선물보다는 성도들의 마음입니다. 그래서 그들의 마음과 관심을 받고 나서 지쳐 있고 낙담되어 있던 상황에서 큰 능력을 회복했다는 의미를 담고 있는 것입니다.

그런데 바울은 "생각은 하였으나 기회가 없었"다고 말합니다. 이것은 무슨 의미일까요? 앞에서 설명한 빌립보 교회의 설립 배경을 다시 떠올려 보십시오. 빌립보 지역은 복음의 불모지였습니다. 원래 바울은 아시아로 가려고 했지만 성령께서 막으셔서 그는 유럽 지역의 '마게도냐'로 행선지를 돌리게 되었습니다.

그 마게도냐의 첫 성이 바로 빌립보였는데 거기에는 교회가 없었습니다. 예수 그리스도를 믿는 사람도 거의 없었습니다. 게다가 유대인들이 열 명만 모여도 세우는 회당조차 찾을 수 없었습니다. 그것은 유대교인들조차도 몇 명 없었다는 의미입니다. 빌립보는 그 정도로 복음의 불모지였습니다.

그 성에 도착한 바울은 복음을 전하기 시작했습니다. 그때 아시아에서 무역을 위해 온 루디아라는 여인이 복음을 받아들이면서 그의 집에서 교회가 시작되었고 믿는 사람들이 점점 모여 들기 시작했습니다. 그렇게 해서 빌립보 교회는 역사 속에서 바울이 개척한 유럽의 첫 교회로 태동하게 된 것입니다.

그런데 이러한 과정에서 바울은 많은 고난을 겪게 됩니다. 그래서 자신이 개척한 그 교회에 더는 머물 수 없게 되어 그는 그곳을 떠납니다. 빌립보 지역에서 10km 정도 떨어져 있는 데살로니가로 갑니다. 그런데 그곳에서도 소요가 일어나서 간 곳이 베뢰아고 또 그곳에서 핍박을 받아 아덴으로 가고 아덴에서 고린도, 고린도에서 3차 전도여행을 거쳐서 결국은 죄수의 몸으로 호송되어 로마에까지 이르게 된 것입니다. 그런데 거기서도 그를 기다리고 있는 것은 복음을 전할 수 있는 활짝 열린 문이 아니라 감옥이었습니다. 이것이 바울이 사도행전 속에서 다닌 여정입니다.

그때는 오늘날처럼 전화도, 인터넷도 없었습니다. 여러 곳을 다니는 복음 전도자 바울과 빌립보 성도들이 연락할 수 있는 유일한 수단은 사람이었습니다. 그러나가 아픔을 가지고 빌립보 교회를 떠난 바울을 생각하는 빌립보 성도들에게는 애잔함이 있었습니다. 그러다가 감옥에 갇혀 있다는 소식을 전해 듣고는 에바브로디도를 그에게 보낸 것입니다. 헌금과 물품들을 모아서 보냈는데 가는 길이 멀고 험하다 보니 그가 로마에 도착하자마자 병에 걸린 것입니다.

그런데 바울이 "너희가 또한 이를 위하여 생각은 하였으나 기회가 없었느니라."고 말한 이유는 무엇일까요? 예를 들어, 누군가에게 선물을 받은 사람이 이렇게 말한다고 생각해 봅시다. "제작년에도 선물을 보내시더니 작년에 또 보내시고 올해도 보내셨네요. 고맙습니다." 그러면 받는 사람의 마음이 순수하지 못하게 비쳐질 수도 있습니다. 그런데 바울이 지금 그런 식으로 말하고 있는 것입니다. 16절을 보십시오.

데살로니가에 있을 때에도 너희가 한 번뿐 아니라 두 번이나 나의 쓸 것을 보내었도다.

이것은 빌립보 성도들이 로마에 있는 바울에게 헌금과 위문품을 보낸 것이 처음이 아니라는 얘기입니다. 이를 통해 빌립보 교회 성도들이 가난한 복음 전도자 바울을 잊지 않고 그가 있는 곳을 알아내어 쓸 것을 보내곤 했음을 알 수 있습니다. 그래서 바울이 과거에 자신을 도와준 것까지 언급하면서 고마움을 표시하고 있는 것입니다.

고난의 학교에서 배우는 자족

그런 후에 바울이 무슨 말을 하는지 11-13절을 보십시오.

> 내가 궁핍하므로 말하는 것이 아니니라 어떠한 형편에든지 나는 자족하기를 배웠노니 나는 비천에 처할 줄도 알고 풍부에 처할 줄도 알아 모든 일 곧 배부름과 배고픔과 풍부와 궁핍에도 처할 줄 아는 일체의 비결을 배웠노라 내게 능력 주시는 자 안에서 내가 모든 것을 할 수 있느니라.

'적극적인 사고방식'이라는 개념으로 세계적으로 유명한 노먼 빈센트 필이라는 박사가 있습니다. 그런데 이 '적극적인 사고방식'의 위험성이 있는데 우리가 의지만 있다면 못해낼 것이 없다고 주장하고 있기 때문입니다. 어떻게 보면 그럴 듯하지만 이것은 복음이 말하는 것과는 대치됩니다. 우리는 우리의 의지와 사고방식에 따라서 인생의 운명이 결정되는 존재가 아닙니다. 우리는 전적으로 무능하고 부패한 인간이지만 하나님의 전적인 은혜로 존재하고 살아가는 것입니다. 이것을 잘 분별해야 합니다.

그런데 바울은 지금 로마의 감옥 안에서 "내게 능력 주시는 자 안에서 내가 모든 것을 할 수 있느니라."고 말하고 있습니다. 모든 것을 할 수 있다는 것은 하나님께서 자신에게 부요한 환경을 주시든지 아니면 가난한 환경을 주시든지 그 환경이 아무런 문제가 되지 않는다는 것입니다.

사도행전 16장에는 바울과 실라가 빌립보에서 투옥된 사건이 기록되어 있습니다. 그들이 감옥 안에서 기쁘게 찬송하고 기도하니까 감옥이 열리는 기적을 체험했습니다. 그런 경험을 통해 그는 그리스도 안에 있으면 이 세상의 부요나 가난이 자신을 흔들 수 없음을 깨달았습니다. "초막이나 궁궐이나 내 주 예수 모신 곳은 그 어디나 천국"이라는 것입니다. 그래서 바울은 세상이 감당할 수 없는 사람입니다. 세상이 아무리 바울의 인생에 달려들어서 우겨쌈을 강하게 만들고 고난 속에 거꾸러뜨린다 할지라도 바울은 그것을 뛰어넘어 기뻐할 수 있었던 것입니다.

그런데 바울이 그러한 일체의 비결을 "배웠노라."고 말합니다. 중요한 얘기입니다. 배움이라는 것은 단숨에 이루어지는 일이 아닙니다. 고난이라는 학교를 통해서 배우게 됩니다. 고린도전서에 보면 바울은 육체의 가시 때문에 하나님께 몇 번이나 간구했습니다. 그러나 하나님은 "내 은혜가 네게 족하다"(고전 12:9)라고 말씀하십니다.

이런 고난의 학교를 통해서 그는 일체의 비결을 배웠습니다. 자족에 처할 줄 아는 비결입니다. 자족이란 어려움이 있을 때 감사하는 마음입니다. 자족은 이론으로는 배울 수 없습니다. 고난의 학교에서는 몸소 겪어 보지 않고는 배울 수 없습니다.

받으실 만한 향기로운 제물

다음으로 14절을 보십시오.

> 그러나 너희가 내 괴로움에 함께 참여하였으니 잘하였도다.

여기서 중요한 것은 바울이 위문품과 헌금을 받았는데 고맙다고 말하는 것이 아니라 "잘하였도다."라고 표현합니다. 성도들은 바울이라는 선교사에게 후원을 했지만 그것은 결국 하나님께 드린 것이기 때문에 바울은 고마움의 표현보다 더 중요한 칭찬의 표현을 한 것입니다.

이어지는 15절을 보십시오.

> 빌립보 사람들아 너희도 알거니와 복음의 시초에 내가 마게도냐를 떠날 때에 주고 받는 내 일에 참여한 교회가 너희 외에 아무도 없었느니라.

빌립보 교회는 태동된 지 얼마 안 되는 개척교회입니다. 그런데 놀랍게도 이 어린 교회가 담임목회자가 어려움 가운데 선교활동을 하고 있을 때 그의 소식을 추적해서 여러 번 도와준 것입니다. 권력을 가진 자의 자세로 돕는 일을 하는 교회들이 있습니다. 그래서 선교사들의 마음을 상하게 하는 경우들이 종종 있습니다. 도움을 줄 때는 겸손한 태도를 갖고 상대방에게 진정한 격려와 위로가 되도록 지혜롭게 도와주는 것이 중요합니다.

계속해서 16-17절을 보십시오.

> 데살로니가에 있을 때에도 너희가 한 번뿐 아니라 두 번이나 나의 쓸 것을 보내었도다 내가 선물을 구함이 아니요 오직 너희에게 유익하도록 풍성한 열매를 구함이라.

바울은 이러한 빌립보 성도들을 칭찬하면서 그들을 위해 기도하는 것은 선물을 또 보내라고 하는 것이 아니라 그들에게 유익한 풍성한 열매라고 말합니다. 성도들의 마음을 담은 선물을 통해서 어떤 일이 벌어집니까? 바울의 선교 사역을 통해 생명의 복음이 수많은 사람들에게 전파되고 그들이 하나님께 돌아올 때 그 유익이 바울을 도와준 성도들에게 축복으로 돌아오는 것입니다.

이제 18절을 보십시오.

내게는 모든 것이 있고 또 풍부한지라 에바브로디도 편에 너희가 준 것을 받으므로 내가 풍족하니 이는 받으실 만한 향기로운 제물이요 하나님을 기쁘시게 한 것이라.

성도들의 헌금을 받아서 사용하는 목회자나 선교사와 헌금을 드리는 성도들 간에는 옳고 분명한 태도가 합니다. 목사나 선교사에게 헌금한 것을 그 사람에게 했다고 생각하면 잘못된 것입니다. 그것은 '받으실 만한 향기로운 제물'인 것입니다. 또 헌금을 받는 사역자의 입장에서도 바울 사도처럼 당당한 자세를 가지고 축복하는 자세를 가져야 합니다. 누가복음 10장 7절을 보십시오.

그 집에 유하며 주는 것을 먹고 마시라 일꾼이 그 삯을 받는 것이 마땅하니라 이 집에서 저 집으로 옮기지 말라.

예수님이 일군이 그 삯을 얻는 것이 마땅하다고 말씀하셨습니다. 그런데 어떤 사람들은 바울은 왜 자비량 전도를 했느냐고 질문합니다. 그렇습니다. 바울은 철저하게 자비량 전도를 했습니다.

그런데 고린도전서 9장 14-18절을 보십시오.

이와 같이 주께서도 복음 전하는 자들이 복음으로 말미암아 살리라 명하셨느니라 그러나 내가 이것을 하나도 쓰지 아니하였고 또 이 말을 쓰는 것은 내게 이같이 하여 달라는 것이 아니라 내가 차라리 죽을지언정 누구든지 내 자랑하는 것을 헛된 데로 돌리지 못하게 하리라 내가 복음을 전할지라도 자랑할 것이 없음은 내가 부득불 할 일임이라 만일 복음을 전하지 아니하면 내게 화가 있을 것이로다 내가 내 자의로 이것을 행하면 상을 얻으려니와 내가 자의로 아니한다 할지라도 나는 사명을 받았노라 그런즉 내 상이 무엇이냐 내가 복음을 전할 때에 값없이 전하고 복음으로 말미암아 내게 있는 권리를 다 쓰지 아니하는 이것이로다.

바울은 예수님이 하신 말씀을 알고 있습니다. 그러나 자신은 죽어도 그 권리를 쓰지 않겠다고 말합니다. 그는 지금 이 편지를 고린도 교회 성도들에게 쓰고 있는데 그 배경을 알 필요가 있습니다.

당시 고린도 지역은 상업이 활발하던 곳이라 부자들이 많았습니다. 그러다 보니 영지주의자들이 철학적 이론을 가르치면서 돈을 받는 일이 성행했습니다. 그래서 바울이 복음을 전하기 위해서는 그들과 차별화할 필요가 있었는데 돈을 받지 않기로 한 것입니다. 왜냐하면 바울이 전파하는 복음마저도 그들과 같은 철학의 한 종파로 취급당할 수 있고, 바울 자신도 그 철학자들 중 한 사람으로 오해받을 수 있었기 때문입니다. 그래서 고린도 지역에서 사역할 때 바울은 절대 헌금을 받지 않은 것입니다.

이제 다시 빌립보서 4장 18절을 보면, 바울은 "내게는 모든 것이 있고"라고 말합니다. '있고', 헬라어로 '아페쵸'라는 이 단어는 영수증을 의미합니다. 이 말은 "나는 지금 모든 것을 갖고 있다."는 뜻이 아니라 에바브로디도 편에 "당신들이 에바브로디도 편에 보내 준 모든 헌금과 물품을 내가 받았음을 정히 영수함."이라는 의미입니다.

이것은 교회에서 사역을 하는 사람들에게 아주 중요한 메시지를 주고 있습니다. 교회의 재정을 쓸 때는 영수증을 꼭 챙겨야 합니다. 교회의 돈은 교인들의 헌금으로 이루어진 하나님의 돈입니다. 그래서 아무리 작은 지출이라도 영수증을 첨부해서 정확히 하는 것이 서로를 위하는 것입니다. 바울도 이 단어를 채택해서 편지에 쓰는 것은 "에바브로디도가 나에게 잘 전해 주어서 내가 받았고 하나님의 일에 제대로 사용되고 있다."는 것을 알려 주기 위해서입니다. 바울이 지킨 투명성과 공정함이라는 재정 원칙을 간과해서는 안 됩니다.

빌립보 교회는 연락이 끊긴 바울을 추적해서라도 찾아서 쓸 것과 헌금을 보냄으로 위대한 선교 사역에 동참했습니다. 그 일로 그 교회는 칭찬을 듣고 하나님 나라의 열매를 나누어 갖고 되었습니다.

오늘날 열심히 선교 사역을 하고 있는 우리 교회들은 보내는 자와 보냄 받은 자의 이 아름다운 동역의 태도를 본받아야겠습니다. 선교사를 보내는 것도, 선교사로 나가는 것도 중요하지만 어떤 원칙과 자세를 가지고 실질적으로 사역에 임하고 있는지가 더욱 중요하다는 사실을 잊지 말고 하나님께 아름답게 순종하는 축복이 있기를 바랍니다.

chapter 24

그 무엇보다

은혜를

사모한다

나의 하나님이 그리스도 예수 안에서 영광 가운데 그 풍성한 대로 너희 모든 쓸 것을 채우시리라 하나님 곧 우리 아버지께 세세 무궁하도록 영광을 돌릴지어다 아멘 그리스도 예수 안에 있는 성도에게 각각 문안하라 나와 함께 있는 형제들이 너희에게 문안하고 모든 성도들이 너희에게 문안하되 특히 가이사의 집 사람들 중 몇이니라 주 예수 그리스도의 은혜가 너희 심령에 있을지어다.

빌립보서 4장 19-23절

우리가 자주 사용하는 언어 속에는 그 사람의 사상과 철학이 내포되어 있습니다. 바울이 자주 사용하는 말은 '나의 하나님'이라는 말입니다. 빌립보서 4장 19절을 보십시오.

나의 하나님이 그리스도 예수 안에서 영광 가운데 그 풍성한 대로
너희 모든 쓸 것을 채우시리라.

'나의 하나님'이라는 표현 속에는 사도 바울이 모든 일상 속에서 철저하게 하나님을 주인으로 모셨음이 나타나 있습니다. 먹고 입고 필요한 모든 쓸 것까지도 그 공급원이 하나님께 있음이 이 고백 속에 녹아 있습니다. 그래서 부모들은 자녀들이 어릴 때부터 먹고 입고 쓰는 것들에 대한 공급원이 만물의 주인이신 하나님이라는 것을 가르쳐야 합니다.

'영광'의 두 가지 의미

그런데 여기서 '영광'이라는 단어를 주목해 볼 필요가 있습니다. 이 단어는 다음 구에도 나옵니다. 20절을 보십시오.

하나님 곧 우리 아버지께 세세 무궁하도록 영광을 돌릴지어다 아멘.

한국어 성경에는 똑같이 '영광'으로 번역되어 있지만 원문에는 19절과 20절의 '영광'이 각각 다른 단어로 쓰였습니다. 먼저, 19절에 나오는 '영광'부터 살펴보겠습니다.

19절의 '영광'은 하나님의 지혜와 권능을 의미합니다. 하나님이 인생에 대해서 그분의 지혜로 계획을 갖고 계시는데 그 계획을 그분의 능력으로 펼쳐 내십니다. 요셉의 예를 보겠습니다. 그는 열일곱 살에 꿈을 꾸게 되었는데 그 꿈을 통해서 하나님은 요셉에게 미래에 펼쳐질 일을 계시하신 것입니다. 그것은 하나님의 지혜입니다. 그런데 요셉은 수많은 역경과 고난 속에서도 하나님의 그러한 지혜를 깨닫지 못합니다.

그런데 하나님의 지혜에서 나온 전체 그림을 한눈에 보게 된 때가 있었습니다. 그것은 그의 형들이 총리가 된 자신 앞에 나타나 무릎을 꿇었을 때입니다. 그때 요셉은 환란과 기근의 시기를 맞은 자기 민족을 살리기 위해서 하나님이 자신이 인생에 계획하신 커다란 그림을 보게 된 것입니다. 그때, 요셉은 처음으로 "하나님이 하셨습니다."라는 고백을 진심으로 하게 되는데, 그것은 하나님께 영광을 돌리는 것과 같은 의미입니다. 그러므로 19절에서의 '영광'은 하나님의 계획이 그분의 지혜와 능력으로 시작되고 진행되는 모든 과정을 말합니다.

다음으로, 20절에 나오는 '영광'의 의미를 살펴보겠습니다. 20절의 '영광'은 궁극적인 그림을 의미합니다. 요한계시록 4장 9-11절을 보십시오.

> 그 생물들이 보좌에 앉으사 세세토록 살아 계시는 이에게 영광과 존귀와 감사를 돌릴 때에 이십사 장로들이 보좌에 앉으신 이 앞에

> 엎드려 세세토록 살아 계시는 이에게 경배하고 자기의 관을 보좌 앞에 드리며 이르되 우리 주 하나님이여 영광과 존귀와 권능을 받으시는 것이 합당하오니 주께서 만물을 지으신지라 만물이 주의 뜻대로 있었고 또 지으심을 받았나이다 하더라.

이것은 하나님이 밧모섬에 유배되어 있던 사도 요한에게 장차 완성될 그림을 계시해 주신 내용입니다. 그 계시에서 면류관을 쓰고 있던 이십사 장로들이 그것을 벗어서 보좌에 앉으신 주님 앞에 드립니다.

이것은 무엇을 의미하는 것일까요? 자신들의 머리에 쓴 관은 자신들의 공로로 받게 된 것인 줄 알았는데 모든 역사가 완성된 주의 나라에 가서 보니 그것이 전부 하나님의 뜻 가운데 하나님이 이루신 일이었음을 깨닫게 된 것입니다. 그러니까 그 면류관을 자신들이 쓰고 있을 수 없어서 그분께 돌려 드리는 것입니다. 모든 것이 그분의 은혜임을 고백하며 그분께 영광을 돌리는 것입니다. 요한계시록 5장 12-14절을 보십시오.

> 큰 음성으로 이르되 죽임을 당하신 어린 양은 능력과 부와 지혜와 힘과 존귀와 영광과 찬송을 받으시기에 합당하도다 하더라 내가 또 들으니 하늘 위에와 땅 위에와 땅 아래와 바다 위에와 또 그 가운데 모든 피조물이 이르되 보좌에 앉으신 이와 어린 양에게 찬송과 존귀와 영광과 권능을 세세토록 돌릴지어다 하니 네 생물이 이르되 아멘 하고 장로들은 엎드려 경배하더라.

이것이 어린양 예수님의 공로였음을 깨닫고 영광을 돌리는 것입니다. 우리 발로 걸을 수 없던 인생길을 예수님의 등에 업혀 걸었던 것입니다. 그래서 이십사 장로들이 보좌에 앉으신 어린 양께 경배를 드리고 있는 장면을 하나님이 성경을 통해 우리에게 계시해 주셨습니다.

하나님의 지혜와 권능으로 우리 인생에 하나님이 모든 일을 시작하셨습니다. 그런데 그 과정에서 "그 풍성한 대로" 우리의 모든 쓸 것을 채우신다고 바울은 말합니다. 바울은 감옥에서 이 말을 하고 있습니다. 그렇기 때문에 여기서 '풍성하다'는 것은 '모든 것이 풍부하다'는 개념이 아님을 알 수 있습니다. 바울은 복음을 위해 온갖 고난을 겪고 교회와 사람들의 관심과 지원이 끊어지는 시간들을 통해 낙담과 배신감과 외로움도 느꼈을 것입니다. 그런데 그가 뒤돌아보니 그런 모든 일들조차 하나님의 지혜였음을 고백하게 되었습니다. 왜냐하면 그 모든 순간에도 복음의 역사는 끊어지지 않고 계속되고 있었음을 깨달았기 때문입니다.

로마서 8장 28절의 "하나님을 사랑하는 자 곧 그의 뜻대로 부르심을 입은 자들에게는 모든 것이 합력하여 선을 이루느니라."는 말씀에서 '선'은 곧 하나님의 영광을 의미합니다. 그러니까 우리의 모든 눈물, 외로움, 배반, 낙심, 고난 이 모든 것은 하나님의 영광 가운데 들어 있습니다. 그것이 하나님의 오묘하고도 신비한 지혜입니다.

요셉이 보디발 장군의 집에 노예로 팔리고 누명을 쓰고 감옥에 갇혔지만 이해할 수 없는 고난의 시기마다 따라다닌 말씀이 '형통'이라는 단어입니다. 여기서 '형통'이라는 말은 세속적인 형통의 개념이 아니라 히브리어로 '찰라흐'라는 말인데, 이것은 하나님의 선을 이루는 과정을 의미합니다.

지금 고통과 고난의 터널을 통과하고 있습니까? 그렇다면 잘 버티고 견뎌 내십시오. 거기에 반드시 하나님의 지혜가 있습니다. 그러면 요한계시록에서 본 장면처럼, 우리는 천국에서 우리 머리에 씌워지는 그 면류관을 벗어서 주님 발 앞에 드리지 않으면 안 되는 그 현장에 있게 될 것입니다.

영광의 자리에 함께할 동역자

장로의 아름다운 영광에 대해 말한 후 바울은 전혀 다른 분위기로 편지의 마지막 부분을 기록합니다. 21절을 보십시오.

> 그리스도 예수 안에 있는 성도에게 각각 문안하라 나와 함께 있는 형제들이 너희에게 문안하고 모든 성도들이 너희에게 문안하되 특히 가이사의 집 사람들 중 몇이니라.

앞 구절에서 "세세 무궁하도록 영광을 돌릴지어다 아멘." 하고 편지가 끝날 듯하다가 좀 뜬금없어 보이는 내용이 나옵니다. 21절은 몇몇 사람들을 향한 문안인사가 언급되어 있습니다.

그리스도 예수 안에 있는 성도, 즉 빌립보 성도들에게 문안인사를 합니다. 그리고 '나와 함께 있는 형제들', 즉 바울의 동역자들에게 합니다. 또, 로마서에 흩어져 있는 모든 성도들에게 합니다. 그런데 특별히 가이사의 집 사람들 중 몇 사람인데 당시 정치권의 고위직에 있는 몇 사람이 복음을 들었던 것 같습니다. 이렇게 그는 사람들에게 문안인사를 잊지 않고 덧붙입니다.

그러나 이 문안인사는 그냥 덧붙인 것이 아니고 앞에 쓴 내용과 중요한 관계가 있습니다. 앞에서 19절의 '영광'은 하나님이 예비하신 영광이고 20절의 '영광'은 장차 우리가 천국에서 보게 될 영광이라고 했습니다. 그리고 뒤이어 몇몇 사람들이 나오는데 그들은 그 영광에 동참할 동역자들인 것입니다.

우리가 사역을 하다가 동역자들과 관계에서 갈등을 겪을 때가 있습니다. 바울도 목회 현장에서 관계로 인한 갈등과 아픔을 겪었습니다. 그러나 이제 편지를 마무리하면서 궁극적으로 영광의 자리에서 만나게 될 사람들을 생각한 것입니다. 나를 힘들게 했던 사람들, 그리고 내가 상처 준 사람들도 결국 천국에서 영광의 자리에 함께할 사람들입니다. 그렇기 때문에 이 땅에서 그들과의 관계를 새롭게 해야 한다는 것을 바울은 알려 주고 있습니다.

그 무엇보다 은혜를 구하라

이제 마지막 23절을 보십시오.

주 예수 그리스도의 은혜가 너희 심령에 있을지어다.

어떻게 보면 바울이 상투적인 말로 편지를 끝맺고 있는 것처럼 보입니다. 그러나 "주 예수 그리스도의 은혜"는 바울이 모든 고난을 견디게 한, 그의 마음 중심에서 우러나온 고백입니다. 그래서 마지막으로 이 은혜가 성도들의 심령에 있기를 바라는 것입니다.

저도 우리 성도들과 우리 자녀들에게 마지막으로 한 마디를 하라고 한다면 하나님이 은혜를 주시길 간구할 것입니다. 능력, 지혜, 다 구할 수 있겠지만 하나님의 긍휼이 담긴 은혜가 우리 인생에 가장 필요한 것입니다.

　우리에게는 이러한 은혜와 영광을 약속하신 하나님의 언약이 있습니다. 세상이 아무리 우리를 위협하고 놀라게 하고 넘어뜨리지 할지라도 우리는 그 영원한 약속을 붙들고 이 땅을 살아가는 멋진 하늘의 시민임을 잊지 말고 승리하시기 바랍니다.

하나님의 부르심

초판 3쇄 발행 _ 2019년 5월 15일

지은이 _ 송태근
펴낸이 _ 김영진
펴낸곳 _ 성서원
주소 _ 경기도 고양시 덕양구 덕은동 191-8 우)412-170

주문 및 문의 전화 _ 02-765-0011
팩스 _ 02-743-6811
성서원 북카페 _ http://cafe.naver.com/biblehouse1972
온라인 서점 _ www.bibleeshop.com(T.02-597-1599)
성서원 홈페이지 _ www.biblehouse.co.kr
발행처 _ (유)성서원

출판 등록일 _ 1997년 7월 8일(제300-1997-79호)
ISBN 978-89-360-1919-8   03230

이 책은 저작권법에 따라 보호받는 저작물이므로 무단 전재와 무단 복제를 금지하며,
이 책의 내용의 전부, 또는 일부를 이용하려면 반드시 저작권자와 (유)성서원의
서면 동의를 받아야 합니다.

• 잘못된 책은 바꾸어 드립니다.
• 책값은 뒤표지에 있습니다.

성서원은 독자 여러분의 책에 대한 아이디어와 원고 투고를 기다리고 있습니다.
책의 내용과 연락처를 이메일 biblehou@chol.com으로 보내주시면
정성껏 검토한 후 알려 드리겠습니다.